Et la vie continue... est une œuvre qui invite à puiser en soi un potentiel trop souvent ignoré au moment de l'épreuve : vivre le quotidien et accueillir sa réalité, tout en se permettant de ressentir ses frissons, ses paralysies et son choix d'avancer dans la vie, sont des propositions réalistes et gagnantes. Le lecteur a une occasion privilégiée de mieux saisir l'influence d'un coup dur qui, à première vue, peut sembler insurmontable. L'auteure invite à pénétrer un lieu sacré où seule la personne peut choisir de croître.

Reconnaissance et admiration envers cette femme qui partage ses passions, ses capacités d'émerveillement, ses luttes, ses défaites, ses victoires et sa force de vie. Elle rappelle que l'expérience de mort s'accompagne de l'expérience de lumière, et que la vie continue tout autant à travers les périodes de ténèbres qu'à travers les moments de fêtes. N'est-ce pas là la démonstration de la réussite d'une vie humaine ?

Marie-Paul Ross, M.A., Ph.D.,
auteure du best-seller *Traverser l'épreuve*

Ce livre est un témoignage débordant d'amour, de persévérance et d'espoir, qui ne laissera personne indifférent. Il est un guide de sagesse pour les gens à la recherche d'inspiration ou de transformation personnelle. L'auteure a la capacité de nous captiver du début à la fin, par son courage et ses leçons de vie. Ce récit, digne d'un grand scénario de film, saura toucher tous et chacun. Un livre criant de vérité, qui nous inspire à aimer davantage au présent.

Marc Gervais, producteur, conférencier et
auteur du best-seller *L'amour de soi, une richesse à redécouvrir*

Plume de coeur... fluide, touchant, vibrant de vérités et d'amour ! Un livre qui fera du bien à l'âme et qui donnera espoir à l'esprit ! Il calmera des tempêtes intérieures et apportera une lumière à la conscience des personnes éprouvées par la perte d'un amour, quel qu'il soit ! Je suis très heureuse d'avoir tenu le phare sur le pont qui vous reliera éternellement, Sylvain et toi. Vous l'avez écrit ensemble, ce livre.... c'est sûr !

Marjolaine Caron, conférencière, animatrice et
auteure du best-seller *Le petit livre de Joshua*

Sonia Reid raconte son expérience d'une façon très touchante et sincère.

Josée Turmel, animatrice télé et radio

Sonia Reid a vécu un deuil tragique et totalement imprévu. Malgré le choc et sa grande peine, elle a choisi de faire de cette douloureuse épreuve une histoire de guérison et de vie. Avec constance et patience, elle a accepté de plonger dans son histoire personnelle et d'en remonter le fil pour mieux prendre conscience des mémoires réactivées par son deuil et des mécanismes de survie remis en place pour y faire face.

Sylvie Petitpas, conférencière, chroniqueuse et
auteure de *La magie de la vie*

Tout au long de ce récit, Sonia Reid a l'art de transmettre la force de vivre, l'espoir de retrouver une vie paisible et le goût de s'épanouir, à travers une traversée des plus éprouvantes. Son ouvrage s'avère hautement inspirant et je suis persuadée qu'il aidera de nombreuses personnes qui vivent un passage de vie difficile. Au fil des pages, l'espoir luit, même dans les moments sombres, nous faisant découvrir la beauté et la grandeur de la vie. L'auteure raconte ce qu'elle a vécu avec grande simplicité et humilité. L'amour qui l'habite donne une profondeur à ses mots, et son expérience de vie fournit des outils pour découvrir nos ressources intérieures. Bravo d'avoir osé raconter ton histoire... votre histoire. Ton élan d'amour et de compassion envers toi, tes filles, Sylvain, tes proches et bien sûr envers la vie est un réel baume pour le cœur.

Sylvie Ouellet, conférencière et
auteure du best-seller *Ils nous parlent ... entendons-nous?*

Sonia Reid est l'exemple parfait d'une personne qui a su exploiter son intelligence émotionnelle au service du deuil qu'elle vivait... Elle en est sortie grandie, épanouie et inspirante! Nous ne pouvons que lui témoigner notre admiration !

Michel Bell, artiste peintre et auteur de *L'investisseur*

Les gens qui liront le récit de Sonia Reid seront touchés par le vécu de cette femme, mais aussi de cette maman qui, malgré son épreuve, a dû soutenir et accompagner ses deux enfants dans leur deuil... Elle a su inscrire la mort de papa dans leur vie et comprendre que même tout petit bébé ou jeune enfant, la mort d'un père reste gravée et elle continue, au fil des ans, de marquer le parcours de vie de ses proches. Ce témoignage de vie émouvant, illustre de façon réaliste, le bouleversement familial qui se vit suite à un décès, mais confirme aussi que le réconfort familial réside dans la vérité et la communication parents-enfants, même dans les moments les plus difficiles. Merci, Sonia, votre livre saura briser l'isolement de toutes ces mamans et de tous ces papas qui vivent la mort d'un conjoint... et fera réaliser l'importance d'aller au-delà des mythes et des tabous lorsqu'il est question de deuil vécu chez les tout-petits et les plus grands!

Josée Masson, travailleuse sociale, fondatrice et responsable de Deuil-Jeunesse et auteure du livre *Mort, mais pas dans son cœur*

Sonia fait partie de ces êtres qui sont nés pour vivre le bien-être... le perdre et le retrouver. Elle accepte l'épreuve avec dignité et demande l'aide, le soutien nécessaire pour garder le cap et demeurer là pour ses deux trésors. Par son parcours, vécu dans l'amour et l'ouverture, et dont elle témoigne avec grande simplicité, elle sait toucher le coeur de chacun. La grande perte qu'elle a vécue a chamboulé sa vie et celle de ses filles, mais elle a su tout reconstruire, en accueillant les petits bonheurs que la vie lui offrait. Sonia, je t'admire pour le courage que tu as dû déployer afin de demeurer ancrée dans le moment présent, pour ainsi poursuivre ta vie de femme et de mère attentive aux besoins d'Eve et Émy.

Linda Leblond, naturopathe et thérapeute

Pour moi, maintenant, sans contredit, mon *mentor de l'espoir* porte un nom. En fait, si je devais donner un nom à l'espoir, ce serait celui de Sonia Reid. Son récit et, surtout, sa détermination, me transportent et me font apprécier ce privilège d'être en vie et de pouvoir aimer. Aimer mes enfants. Aimer une personne. Aimer mes amis. Aimer la vie...

Jean Nadeau, conférencier

Et la vie continue...

Catalogage avant publication de Bibliothèque et Archives nationales du Québec et Bibliothèque et Archives Canada

Reid, Sonia

Et la vie continue... : récit

Autobiographie.

Comprend des réf. bibliogr.

ISBN 978-2-89436-338-6

1. Reid, Sonia. 2. Deuil - Aspect psychologique. 3. Vie spirituelle. 4. Personnes endeuillées - Québec (Province) - Biographie. I. Titre.

BF575.G7R44 2012 155.9'37 C2012-940020-3

Nous reconnaissons l'aide financière du gouvernement du Canada par l'entremise du Fonds du livre du Canada (FLC) pour nos activités d'édition.

Nous remercions la Société de développement des entreprises culturelles du Québec (SODEC) pour son appui à notre programme de publication.

Infographie de la couverture et mise en pages : Marjorie Patry

Crédit pour la photo de la couverture : Luc Bouchard

Crédit pour la photo de l'auteure et à la page 185 : Nathalie Christiaens

Révision linguistique : Amélie Lapierre

Correction d'épreuves : Michèle Blais

Éditeur : Les Éditions Le Dauphin Blanc inc.
Complexe Lebourgneuf, bureau 125
825, boulevard Lebourgneuf
Québec (Québec) G2J 0B9 CANADA
Tél. : (418) 845-4045 Téléc. : (418) 845-1933
Courriel : info@dauphinblanc.com
Site Web : www.dauphinblanc.com

ISBN : 978-2-89436-338-6

Dépôt légal : 1er trimestre 2012
Bibliothèque nationale du Québec
Bibliothèque nationale du Canada

Imprimé au Canada

Sonia Reid

Et la vie continue...

Récit

Le Dauphin Blanc

À Ève et à Émy.

Puisse ce livre

leur rappeler ma passion

et surtout mon amour…

À chaque lecteur son histoire.

Puisse celle-ci vous inspirer.

Puisse la vôtre se dérouler.

Et, avec espoir, puisse la vie continuer…

Sonia

Table des matières

Des mercis à l'infini…

« Les amis sont les anges qui nous soulèvent lorsque nos ailes n'arrivent plus à se rappeler comment voler. » – Anonyme

Merci Ève et Émy d'embellir chaque jour ma vie. Mes belles puces, merci pour votre grandeur d'âme.

Merci, Luc, pour tes mots, ton ouverture et surtout ton amour.

Merci, Pierre, pour tes rires, ta bonne humeur et ta transparence. Merci d'avoir bien reçu ce projet. J'y reconnais notre complicité.

Merci, Jean-Marc. Tu es toujours le premier à croire en moi et en mes idées. Merci pour ton accompagnement de toujours et ton amitié.

Merci, Marie-France et Johanne. Je ne pourrais me passer de tous nos échanges. J'aime votre ouverture de cœur. Je suis heureuse de vous avoir sur ma route.

Merci, Jean-François, cher ami, pour ta franchise. Je sais maintenant que je peux toujours compter sur toi.

Merci, Suzanne Longval. Tes ateliers de peinture m'ont permis de découvrir une nouvelle forme d'expression. Merci de croire en l'artiste que je suis.

Merci, Marjolaine Caron, Linda Leblond, Marie-Paul Ross, Sylvie Petitpas, Josée Masson, Sylvie Ouellet, Marc Gervais et Andrée pour vos précieux enseignements. Vous êtes une source d'inspiration pour moi. Merci de rendre le monde meilleur.

Merci, Luc, Mélanie, Geneviève, Marie-Josée, Jean-François, Michel, Marc et tout spécialement toi, maman chérie, pour vos précieux commentaires et suggestions.

Merci, monsieur Williamson, d'avoir cru, en tant qu'éditeur, à mon projet. Continuez de croire en votre mission. Les gens ont soif de conscience.

Merci spécialement à vous tous qui avez été présents lorsque j'étais dans l'ombre. Merci pour votre compassion.

Merci à vous qui avez croisé ma route, qui avez contribué de près ou de loin à ce que je devienne ce que je suis.

Émy me rappelle souvent que nous avons une bonne étoile et qu'elle a un nom. Je crois que cette force intuitive, qui m'a animée tout au long de mes écrits, porte aussi un nom...

Merci, Sylvain. Maintenant, je ne doute plus.

Merci aussi, cher lecteur et chère lectrice, car en nous laissant, mes filles, Sylvain et moi, vous accompagner pour un moment, vous nous redonnez des ailes...

Tout est possible!

Prologue

7 janvier 2008

Bien assise dans mon siège d'avion, un journal d'écriture sur les genoux, je sens mon crayon s'animer.

Mon amour,

Aucune distance ne nous sépare. D'un océan à l'autre, tu voyages et toujours tu reviens. Tes histoires, tes courriels, tes appels me permettent de t'accompagner en pensée et je profite de toutes les occasions pour te rejoindre.

Que de nuits passées dans l'avion, que de distances parcourues simplement pour le plaisir d'un souper en tête-à-tête, d'une journée de ski ou d'une marche dans un parc ensemble. Poser ma tête sur ton épaule ou simplement sentir ta main dans mon dos, quelles jouissances ! Puis, maintenant, deux merveilleux enfants pour nous accompagner partout.

Sylvain, tu as toujours aimé écrire. Je continue de croire que c'est toi qui aurais dû, pour nous, choisir les mots de notre histoire.

Demain, ça fera exactement cinq ans, jour pour jour [que tu es décédé], et encore une fois, je me retrouve dans un avion volant vers toi.

Les premières secondes du décollage sont toujours un peu terrifiantes pour moi. De plus, aujourd'hui, dans les airs, il y a beaucoup de turbulence. On annonce que le vol arrivera à Toronto avec un retard. J'ai donc peu de chance de prendre ma correspondance pour Charlotte, en Caroline du Nord. Je dois absolument m'y rendre. J'y tiens.

Heureusement, à l'aéroport, on connaît le motif de mon déplacement. On fera tout ce qui est possible pour m'aider à me rendre à destination avant que les vingt et un sons de cloche résonnent. Je me précipite, je cours dans les aérogares. On me guide, on court à mes côtés en prenant mon sac pour m'alléger. Je ne pars que pour 24 heures.

Je dois faire appel à mon sixième sens et écouter mon cœur. La vie m'a appris que tout est éphémère sauf ce que l'on est.

Quelqu'un m'a prévenue que Sylvain et moi avions une seconde mission à accomplir ensemble. Puisse-t-elle être de livrer un message d'espoir : la vie continue, ici, maintenant et ailleurs.

Chapitre 1

Que la vie est belle !

Cinq ans plus tôt

Au retour d'une petite promenade avec Ève, ma fille, je croise ma mère. Inquiète de l'état de mon père, je lui demande où se trouve ce dernier. De toute ma vie, je n'ai jamais eu connaissance que ma mère a menti, mais cette fois, elle le fait : « Je crois que ton père parle au téléphone pour son travail. »

Vient-il toujours avec nous au zoo ? Au bout d'un moment, impatiente, je vais à sa rencontre.

En l'apercevant, par son expression, je sais que quelque chose de grave vient d'arriver.

Je pense à mes sœurs : « Marie-Claude, Marie-Josée ? »

Il me fait signe que non. Il me demande de m'asseoir.

Après une longue et profonde respiration, il me dit : « Sylvain...

– Sylvain, quoi ? »

Il ne peut rien être arrivé à mon héros. Il est parti ce matin, en pleine forme, heureux. Il m'a promis de rentrer tôt ce soir pour dire bonne nuit à sa petite princesse.

« L'avion, Sonia, l'avion... »

Je compris. Ma vie venait de basculer à tout jamais.

Décembre 1996

La soirée est douce. Il fait bon sentir l'air frais. De gros flocons de neige se mettent à voltiger. Au travers des lumières colorées, je m'amuse à les regarder délicatement se déposer. Dans le Vieux-Québec, les commerces et les restaurants ont été soigneusement décorés. Tout est féerique. Je me sens légère, libre et heureuse. Je regarde l'heure. Je devrais me presser. Tout le monde doit déjà être arrivé.

Lorsque je franchis enfin la porte du Gambrinus, un restaurant de Québec, Christian m'accueille chaleureusement. Puis, tour à tour, mes collègues de travail et leur femme viennent me saluer.

À travers tout ce monde, au fond de la salle, j'aperçois un homme que je n'ai jamais vu. C'est sûrement notre hôte, le supérieur de Christian. Il est grand et costaud. Sa barbe lui donne un air dur et sérieux, mais son rire l'adoucit. Les traits de son visage me fascinent et l'énergie qu'il dégage m'attire. Pourtant, bien que je travaille dans une usine de pâtes et papiers, à titre d'ingénieure, parmi plus de mille hommes, aucun d'entre eux n'a réussi à détourner mon regard, et ce, même depuis mon récent statut de célibataire.

Cet homme s'approche et, d'un simple sourire, il me charme. Poliment, il se présente à moi. Une discussion animée s'amorce. Tout s'orchestre. Certaines personnes changent de place et, comme par magie, les deux seuls célibataires présents se retrouvent à table, côte à côte.

Il s'appelle Sylvain. Il semble passionné par son travail. Il pratique plusieurs sports et c'est un grand voyageur. Il se raconte, mais je sais déjà... C'est comme si je l'avais toujours connu.

Durant le souper, une dame arrive avec un panier rempli de roses. J'y porte peu d'attention, mais Sylvain l'interpelle. Il achète une rose pour chaque femme autour de la table. Difficile à expliquer, mais son geste m'émeut.

Les conversations sont animées. Sylvain s'exprime simplement et ne démontre aucune prétention. Plus il parle, plus je veux l'entendre. Sa bonne humeur est contagieuse. Il arrive même à me faire boire deux cafés « espagnols », moi qui déteste le café.

À la fin de la soirée, il me remercie de ma présence. Il me confie qu'il a beaucoup apprécié nos échanges et qu'il espère que nous aurons la chance de nous revoir. Puis, il bavarde avec Pierre, un de mes collègues. Ils semblent des amis de longue date. Je comprends de leur conversation que Sylvain vient de la Mauricie. Comme il passe la fin de semaine dans la région, les deux hommes conviennent de se revoir chez Pierre le lendemain. Je les envie. Un après-midi avec ces deux passionnés de la vie n'aurait pu qu'être agréable.

Les journées qui suivent défilent à un rythme fou. La période des fêtes est mouvementée. Je me rétablis d'une peine d'amour, ou plutôt d'un échec, avec ce dernier amoureux avec qui je partage encore malgré moi la petite maison louée sur le bord du lac Beauport. J'alterne une semaine dans cette petite maison et une autre chez mes parents, lorsque mon ex-copain l'occupe.

À la même période, je termine la lecture de *L'alchimiste* de Paulo Coelho. Ce livre me donne envie de simplement suivre ma légende personnelle, d'être à l'écoute et de laisser venir à moi les événements.

Un jour, mamie Claudia m'avait offert en cadeau un journal intime en me disant : « Les paroles passent, mais les écrits restent. » Alors, je me suis mise à écrire.

L'année 1996 a été faite de changements : fin des études, début du travail permanent, emménagement avec mon copain, échec, retour chez mes parents. Certaines de ces expériences n'ont pas été très faciles, mais j'ose espérer qu'elles m'ont permis de mieux me connaître et qu'elles m'aideront à devenir quelqu'un de meilleur. [...] En 1997, je veux me retrouver, être bien avec moi-même, lâcher prise et vivre d'une façon plus authentique.

À la fin janvier, au Salon des pâtes et papiers à Montréal, je rencontre de nouveau Sylvain. Encore ce même charisme, ce même sourire qui me semble déjà si familier. Nous ne nous connaissons presque pas, nous ne sommes même pas certains de nous revoir, mais déjà nous avons une multitude de projets. Il me remet sa carte professionnelle. En échange, je veux lui donner mon numéro de téléphone à la maison, mais il refuse. « Ça me ferait très plaisir de te revoir, mais jamais je n'oserais t'appeler. » Sa remarque me surprend. Il a pourtant l'air audacieux et déterminé.

Le vendredi de cette même semaine, il tombe une belle neige. La copine avec qui je dois aller skier me téléphone. Elle a un empêchement. Et si j'appelais Sylvain ? Ce scénario n'a aucun sens. Il est déjà près de dix-huit heures et il demeure à presque deux heures de route en voiture. De plus, avec toute cette neige qui tombe, l'état des routes laisse à désirer et après cette longue semaine de travail et de rencontres, il doit être fatigué. Incroyable de constater combien je peux parfois être rationnelle et à quel point je pense trop pour les autres...

Je décide finalement de lui téléphoner. L'idée de skier lui plaît. Il passe chez lui prendre le nécessaire et il vient le plus rapidement possible me chercher. Il est déjà presque vingt et une heures lorsque nous arrivons au centre de ski. La billetterie est fermée, mais pas question de changer le programme. Nous skions. Ensuite, nous allons prendre un verre. Nos discussions sont loin d'être superficielles. Je lui parle sans aucune retenue. Je n'ai pas peur d'être jugée. Le temps file à une vitesse folle. Lorsqu'il me propose de prendre une bouchée, je ris, car passé minuit toutes les cuisines sont fermées. En bonne compagnie, oublier de manger, ça me ressemble !

Ce n'est que beaucoup plus tard que Sylvain me fit cet aveu : sur le chemin du retour, il avait songé qu'il était bien triste que ce ne soit pas Noël ainsi tous les jours. Pour lui, ce doux baiser en fin de soirée avait été un cadeau inespéré.

Le lendemain, la rencontre déjà prévue avec mon ancien copain se déroule à merveille. Nous réglons convenablement tous les détails de la séparation. Il accepte finalement de me laisser définitivement la maison en location.

Le dimanche, avec une toute nouvelle énergie, alors que je nettoie ma demeure, on sonne soudain à la porte : « On vous souhaite du bonheur dans votre chez-vous, madame. » En m'offrant de merveilleuses roses, Sylvain était sûrement loin d'imaginer que ce chez-moi serait bientôt notre chez-nous.

Le vendredi suivant, je reçois des amis pour une soirée d'initiation à la planche à neige suivie d'une dégustation de vins. Sylvain arrive le premier avec une caisse de bouteilles de vin sous le bras. Après quelques heures de descente, chez moi, il me seconde comme si nous avions toujours été ensemble. En fin de soirée, alors que mon ami Jean-Marc joue de la guitare et que tous chantent, Sylvain et moi échangeons des regards complices sur les paroles d'une chanson : « Une impression étrange qu'elle et moi, nous deux, peut-être. C'est bête [...], y'm'semble qu'elle s'apprête à m'faire un sourire[1]. » Très tard, lorsque les invités partent, Sylvain reste.

Il passe la fin de semaine avec moi ainsi que toutes celles qui suivent. Je ne veux pourtant plus m'attacher, mais sans aucun engagement, tout se produit naturellement. Avec le désir de tout connaître, de tout essayer et de visiter le monde entier, rien ne nous arrête.

Encore aujourd'hui, je me souviens du premier voyage que l'on devait faire en ski au Colorado. Quelques jours avant le départ, Sylvain se blessa au genou. En moins d'une heure, nous avions changé les plans pour finalement passer une merveilleuse semaine sur les plages et terrasses de la Côte d'Azur.

À ce moment, notre vie sociale devient très vite remplie, et nous sommes tout aussi heureux avec des amis autour d'un bon repas ou dans les plus grands restaurants avec des clients que lors de nos petits tête-à-tête que nous apprécions follement.

À la fin de notre premier été ensemble, Sylvain, qui a toujours été, jusque-là, l'homme le plus indépendant de la terre, décide de vendre sa maison en Mauricie pour venir habiter avec moi dans cette minuscule maison en location où notre chambre est de la grandeur de sa garde-robe.

1. Extrait de la chanson *Ses yeux* de Paul Piché.

De plus, Lac-Beauport n'est pas un endroit de vie stratégique pour le travail de Sylvain, car tous les lundis matin, il doit quitter le lit vers quatre heures pour se rendre à son bureau à Montréal, mais jamais il ne s'en plaint. Pour ma part, je déteste les dimanches soir qui signifient maintenant les valises et les départs.

Heureusement, malgré la distance physique qui nous sépare souvent, je ne me sens jamais loin de lui. Peu importe où il se trouve dans le monde, malgré les décalages horaires, Sylvain me téléphone tous les jours.

Au printemps, nous dénichons enfin une maison qui nous plaît. Un foyer à chacun des étages, de la pierre, beaucoup de bois, bref, une maison chaleureuse avec une cour intime, à Lac-Beauport. Après un rafraîchissement de la couleur des murs et quelques travaux mineurs, nous nous installons.

Aujourd'hui, je me souviens peu des travaux et du déménagement, mais je me rappelle très bien notre première soirée devant le foyer où, assis par terre, Sylvain et moi parlions déjà de nos prochains déplacements en buvant un bon champagne.

« Je dois aller en Ontario la semaine prochaine, me dit Sylvain. Que dirais-tu de me rejoindre pour la fin de semaine ? J'aimerais te faire découvrir la région de Niagara Falls. Nous pourrions visiter un des vignobles qui produit d'excellents vins de glace et ensuite aller admirer les chutes. Nous pourrions aussi jouer une ronde de golf. J'aimerais te présenter des clients qui sont maintenant des amis. Ça fait longtemps qu'ils veulent nous recevoir à souper. Tu pourrais bien entendu apporter tes souliers de course et les raquettes de tennis...

– Encore un programme fou en 48 heures ! Je suppose que les réservations sont déjà faites ? »

Heureusement pour mon amoureux toujours en voyages d'affaires, aussi souvent que je le peux, je prends plaisir à voyager et à le rejoindre. Éperdument amoureux l'un de l'autre, c'est le genre de vie active que nous menons.

Une belle fin de journée de l'hiver suivant, alors que nous traînons au lit à l'hôtel Westin de Vancouver, « son deuxième chez-lui », Sylvain me demande en mariage. Comme nous venons tout juste de terminer de visionner la comédie *Le chanteur de noces*, il me faut quelques instants avant de comprendre que mon grand humoriste est sérieux. Sylvain est l'homme de ma vie et, bien sûr, je veux l'épouser et toujours l'aimer...

Quelques semaines après avoir dit oui, j'ai toutefois un drôle de pressentiment : « Cet homme-là est merveilleux, je l'aime infiniment, mais j'ai l'impression qu'il pourrait partir soudainement à l'autre bout du monde. » Lorsque je fais part de mon « ressenti » à mon amie Joanne, elle rigole. Tout cela ne tient pas la route avec ce que je lui raconte d'ordinaire à propos de mon amoureux si protecteur. J'oublie rapidement cet absurde pressentiment et je me lance dans les préparatifs du mariage.

31 juillet 1999

En cette belle journée, au lieu d'aller chez l'esthéticienne, je choisis les champs. En cueillant des fleurs de toutes les couleurs pour décorer les tables, je m'égratigne même les jambes. C'est dans la jolie petite chapelle, à Lac-Beauport, que nous unissons officiellement nos vies. Ensuite, sur le bord d'une plage avec nos parents et nos amis, nous célébrons l'événement. Nous voulions un mariage à notre image et, pour moi, la beauté se trouvait dans cette simplicité.

Le lendemain, nous sommes reçus à l'hôtel Westin d'Hawaï avec des colliers de fleurs. Mon amoureux est à mes côtés. Je suis au septième ciel. En décapotable blanche, alors que nous parcourons les routes longeant la mer de l'île de Maui, je demande continuellement à Sylvain d'arrêter afin d'aller explorer les fonds marins. Après les mêmes consignes de prudence répétées chaque fois, il me regarde m'éloigner vers les bancs de coraux sans jamais me quitter des yeux. Ensemble, nous découvrons aussi de magnifiques terrains de golf qui nous permettent de relever de nouveaux défis. Malgré ma mauvaise performance, devant tant d'enthousiasme de sa part, je ne peux que sourire. Je suis toujours contente de terminer nos journées sur un terrain de tennis, où je me sens, enfin, un peu plus à la hauteur. Nous profitons pleinement de toutes ces merveilleuses journées de vacances bien méritées avant de revenir et de reprendre nos carrières respectives.

En plus d'être un excellent mécanicien, ingénieur, concepteur et vendeur, Sylvain est aussi entrepreneur et homme d'affaires dans l'âme. Bien que sa pratique le passionne toujours, des divergences de vues avec certains membres de la haute direction le minent de plus en plus. Pour œuvrer plus librement dans ce domaine qu'il connaît et aime tant, il démissionne de son poste de vice-président. Il laisse donc derrière lui tous les avantages et la sécurité d'une grande organisation afin de fonder avec trois partenaires une entreprise œuvrant non seulement dans la distribution et le service, mais aussi dans la fabrication d'équipement spécialisé dans le domaine des pâtes et papiers.

Sa démission est très mal reçue par ses supérieurs. Connaissant l'impact de son départ, les dirigeants de cette grande entreprise concentrent tous leurs efforts pour l'empêcher d'exercer sa profession et de faire fonctionner son entreprise. Malgré l'absence de contrat de loyauté, ils engagent même des avocats pour le poursuivre. Des détectives le suivent partout. Je les vois des journées entières devant notre maison à attendre son retour.

Malgré les difficultés financières de sa nouvelle entreprise, Sylvain demeure calme, positif et confiant. À chaque coup, il se relève encore plus déterminé. On le met finalement « au rancart », sous prétexte de conduite déloyale, pour près d'une année complète. Il profite de cette période pour servir d'expert technique outre-mer, concevoir des équipements et les faire breveter et aussi mettre en place de nouvelles stratégies.

Vu sa personnalité, sa notoriété, ses connaissances et ses relations, tous ses principaux compétiteurs lui font des offres très intéressantes, mais Sylvain est un ami fidèle et pour rien au monde il ne laissera tomber ses partenaires. Malgré le stress engendré par toute cette histoire, il garde son sang-froid.

Autour de soupers bien arrosés, nous échangeons souvent sur nos ambitions liées à nos carrières respectives. Alors qu'il me parle de sa nouvelle entreprise, je lui parle de mes cours de maîtrise et de mes nouvelles fonctions de plus en plus axées sur la gestion plutôt que sur l'ingénierie. Durant cette période, le travail prend beaucoup de place dans nos vies.

Toutefois, au fil du temps, malgré sa passion, je sens que Sylvain commence à se lasser de sa vie dans ses valises. Connu par toutes les agentes et préposées au comptoir d'Air Canada, avec au-delà de deux cents vols dans une même année, la vie de « super élite Aéroplan » lui plaît de moins en moins et, contre toute attente, le désir de fonder une famille lui sourit.

6 mai 2001

Ève choisit de naître la veille de mon vingt-huitième anniversaire. Quel beau cadeau ! Elle arrive dans l'amour, belle et en parfaite santé.

Après sa naissance, Sylvain doit vite reprendre le travail. Il ne me téléphone plus trois à quatre fois par jour, mais bien presque toutes les heures. Et voilà qu'il amorce toutes ses présentations techniques avec une photo d'Ève. Comme son bureau est maintenant situé au Cap-de-la-Madeleine, il parcourt souvent près de 150 km, aller et retour, simplement pour la voir dormir. Il ne passe jamais une journée sans me dire à quel point il apprécie les soins que j'apporte à Ève. Ce n'est pas toujours facile d'être seule, mais Sylvain sait comment s'y prendre avec moi, comment me parler, me rassurer et me faire sentir son appui, même à distance. Il faut aussi dire qu'Ève est très calme. Les rares fois où elle pleure, le bruit de l'eau sait l'apaiser.

Nous l'emmenons partout, même dans les grands restaurants en présence de clients. Déjà, elle est une très bonne voyageuse. En Italie, alors qu'elle n'a que quatre mois, je l'allaite en marchant dans les rues de

Florence et de Venise. Au Panama, elle écoute le chant des oiseaux et elle aime se reposer contre ma poitrine, lors de nos longues marches dans la forêt tropicale. En Espagne, lors de nos longues balades en patins à roues alignées, elle se plaît à écouter le bruit de la mer. Tous les trois, nous sommes heureux. Aucun mot ne saurait décrire notre bonheur.

Toujours *en mode* d'optimisation et de performance, en plus de prendre soin d'Ève, je profite de mon congé de maternité pour avancer ma maîtrise. À défaut d'assister aux premiers exploits de sa protégée, Sylvain, toujours à l'extérieur la semaine, doit se contenter de mes récits. Au lieu de s'en plaindre, il canalise ses efforts pour s'entourer de gens compétents dans l'espoir de pouvoir se retirer progressivement du travail sur le terrain.

Août 2002

Comblés dans nos rôles de parents, Sylvain et moi songeons rapidement à la venue d'un deuxième enfant. Malheureusement, je n'ai toujours pas de cycle menstruel. Une fois bien décidés, malgré les risques accrus de jumeaux, tout comme pour Ève, nous faisons de nouveau appel à la science. Heureusement, avant de commencer la prise d'hormones, je procède au test de grossesse prescrit. Alors que je viens pour le jeter, j'aperçois une deuxième ligne. Nous souhaitions la naissance d'un enfant et il était déjà en moi. Comme dans un conte de fées, tout est magique !

Malheureusement, cette deuxième grossesse est plus difficile que la première. J'ai des maux de cœur tous les jours. En joggant, le midi, je dois parfois m'arrêter deux ou trois fois pour vomir. De plus, je dois souvent passer des échographies, car les mesures prises sur moi ne correspondent pas aux normes. Comme il ne peut être présent aux échographies, Sylvain suggère de demander au médecin d'inscrire le sexe du bébé sur un bout de papier. C'est donc ensemble que nous apprenons qu'une petite fille est en route. Sylvain lui trouve un joli nom. Elle s'appellera Émy. Déjà, nous l'imaginons espiègle, complice de son père pour agacer les autres et les faire rire.

Décembre 2002

Pour la veille de Noël, cette année encore plus que toutes les autres, il est impératif pour Sylvain de célébrer avec sa famille à Lac-à-la-Tortue.

Quelques mois avant les fêtes, il apprend que son père est malade et que les chances de guérison sont faibles. Bien qu'il refuse d'en parler, je le sais profondément inquiet. Comme plusieurs, Sylvain n'a jamais aimé entendre parler de la mort et encore moins de ce qui se passe après.

Malgré la maladie de son conjoint, en cette soirée de réjouissance, la mère de Sylvain, madame Dubois, sert comme chaque année chacun de ses enfants et petits-enfants avec leur conjoint, tablée après tablée. Presque végétarienne, mon estomac supporte très mal cette nourriture traditionnelle, mais pour moi, ce Noël-ci, être aux prises avec des nausées ou des vomissements ne sera pas différent des autres jours, en raison des désagréments de la grossesse. Je suis aussi beaucoup plus fatiguée que d'habitude et Sylvain le sent. De nature très attentionnée, il ne manque aucune occasion de me servir et de s'assurer de mon confort. J'aime les mots doux qu'il me murmure.

Pour sa part, Ève est très gâtée et cajolée autant dans la famille de son père que dans la mienne. On nous offre aussi des présents pour le bébé à venir. Tous sont impatients de son arrivée.

Durant cette période des fêtes, afin de laisser les grands-parents profiter de la présence d'Ève et de nous permettre ainsi de nous reposer un peu, un petit « 24 heures » en amoureux dans un gîte des environs est au programme. Comme nous sommes les seuls occupants de cette belle maison centenaire, nous avons toute l'intimité rêvée. C'est merveilleux ! Pour le souper, à la table, rien n'est laissé au hasard. Tout est parfait : l'ambiance, les aliments, les présentations. À la lueur des chandelles, Sylvain et moi parlons de notre vie, de nos enfants et de nos projets.

« Je suis si heureux que ce soit la période des fêtes. Ça me fait du bien d'être avec mon monde. J'ai si hâte que l'entreprise ait pris son envol et que les nouvelles recrues soient plus efficaces pour que je sois davantage avec vous. [...] Je ne sais comment te remercier d'être aussi présente à Ève.

– Tu n'as pas à me remercier. Je suis toujours heureuse d'être auprès d'Ève et j'ai très hâte qu'Émy arrive !

– Tu sais, plus tard, lorsque les filles auront grandi un peu et que tu auras terminé ta maîtrise, si le cœur t'en dit, je pourrai prendre la relève à la maison et te laisser à ton tour te lancer dans l'entrepreneuriat. Il ne faudrait pas laisser s'évanouir toutes les bonnes idées qui fourmillent dans ta tête.

– Nous verrons, mais pour le moment, promets-moi simplement que malgré nos responsabilités professionnelles respectives, peu importe ce qu'elles sont, nous prendrons toujours le temps de vivre et de voyager. Je souhaite continuer à découvrir tous les coins du monde avec nos enfants. D'ailleurs, j'aimerais bien prochainement aller... »

Et c'était reparti. Nous nous relancions l'un et l'autre avec nos rêves... Il était tard lorsque nous avons grimpé l'escalier pour nous rendre au lit cette soirée-là. Comme toujours, nous trouvions trop court le temps passé ensemble.

Le lendemain matin, à mon réveil, Sylvain lit à côté de moi. Allongés, nous flânons jusqu'à ce que les odeurs de pâtisseries et de pain grillé nous ouvrent l'appétit. Je ne crois pas qu'il se lasse de m'entendre, mais après avoir déjeuné, il semble pressé de remonter à la chambre et de poursuivre sa lecture. Je crois que c'est la première fois que je le vois prendre le temps de lire uniquement pour son plaisir. Plusieurs passages le font sourire, les traits de son visage sont doux.

Après un long moment à l'observer, dans l'espoir qu'il se presse un peu ou qu'il remette sa lecture à plus tard, je lui demande : « N'as-tu jamais lu *Le Petit Prince* ?

– Oui, je l'ai déjà lu il y a longtemps, mais je l'ai un peu oublié. J'aimerais vraiment le relire jusqu'à la fin. »

Je suis un peu surprise de sa volonté de relire une histoire déjà lue, mais je connais mon homme. Sylvain est très flexible et bien plus à l'écoute de mes besoins que des siens, donc s'il me fait cette demande, c'est qu'il y tient vraiment. Une fois sa lecture terminée, il semble maintenant heureux d'aller retrouver Ève.

J'ai toujours aimé fêter l'arrivée de la nouvelle année dans des lieux publics, mais cette année, j'ai moins envie de danser jusqu'à en avoir mal aux pieds. Je sais aussi que mon amoureux, toujours à l'extérieur, saura apprécier le confort de notre demeure. En après-midi, le 31 décembre, je prends donc plaisir, malgré mes nausées toujours présentes, à cuisiner des hors-d'œuvre, une entrée de fruits de mer, un potage rouge et vert, un granité, un confit de canard, sans oublier de sélectionner de bons fromages et de confectionner moi-même les truffes que Sylvain aime tant. À travers cette préparation, je chante avec Ève. Du coin de l'œil, je l'observe s'amuser avec ses jouets. Sa présence embellit mes journées.

En cette agréable soirée, pour 2003, tous nos convives nous souhaitent un beau bébé en santé. Je n'ai rien à ajouter, sinon que la vie demeure aussi belle.

Le premier janvier, nous retournons chez la famille Dubois. Le même bon repas traditionnel des fêtes nous attend. L'état de monsieur Dubois se détériore de jour en jour. Tous s'en aperçoivent, mais personne n'ose en parler. Fidèle à ses habitudes, malgré ses traits tirés par la fatigue et l'inquiétude, madame Dubois sert encore tout son monde. Plus tard, dans le salon avec ses frères et sœurs, Sylvain s'agenouille. Comme le veut la tradition, monsieur Dubois donne à ses six enfants la bénédiction.

Au retour, dans la voiture, pour la première fois, je vois Sylvain pleurer. Il sait qu'il vient d'assister à la dernière bénédiction paternelle.

La naissance d'Émy est prévue pour la fin mars. Comme j'ai encore des vacances à écouler, je songe à aller me reposer sur le bord de la mer. Mes parents, partis avec leur caravane pour un périple vers le sud des États-Unis, s'arrêteront justement quelques jours en Floride. Pour Sylvain, il est hors de question que je vole seule, enceinte, avec

Ève qui a seulement vingt mois. Il ne craint pas l'avion pour lui, mais il le redoute pour nous. Il insiste pour venir nous reconduire. Il travaillera à partir de la Floride et il en profitera pour visiter des usines dans des États voisins.

4 janvier 2003

Avec Émy dans mon ventre, et Ève dans les bras de son père, nous volons vers la Floride. Nous passons nos premières journées à jouer au golf le matin et à profiter de la plage en famille durant l'après-midi. Ce n'est pas naturel pour Sylvain et moi de nous arrêter et de simplement nous amuser sans penser à rien. Avec la paternité, les priorités de mon travailleur acharné semblent changer et à ma grande surprise, je le vois déléguer certaines de ses obligations professionnelles afin de mieux profiter du soleil, de la vie et de sa famille. Je ris de voir Sylvain et mon père s'appliquer à construire de magnifiques châteaux de sable qu'Ève transforme en glissades. Je le sens plus heureux que jamais. Bien sûr, le téléphone sonne souvent. Comme toujours, il y a des urgences et mon « docteur » de machines à papier détient toujours la solution.

Le troisième matin, après avoir effectué plusieurs appels téléphoniques, Sylvain m'annonce qu'il devra probablement aller en Caroline du Nord.

Pour une première fois, je sens qu'il ne veut vraiment pas partir. Je me permets même de l'interroger : « Est-ce un client si important ? Ne pourrais-tu pas faire des essais à distance ou trouver quelqu'un d'autre pour te remplacer ? »

Sagement, il me répond : « So, il ne sert à rien de perdre la journée d'aujourd'hui pour gagner celle de demain. Ne t'inquiète pas, je vais voir ce que je peux faire. »

Bien décidés à profiter pleinement du moment présent, nous nous rendons sur un merveilleux terrain de golf. Entre deux trous, nous parlons des exploits d'Ève, de la petite Émy à venir, de la chance que nous avons d'être si bien entourés de parents et amis. Ce matin-là, Sylvain joua une de ses meilleures rondes à vie, un pointage de 74 sur un nouveau terrain.

En après-midi, nous retournons à la plage. Alors que le côté droit est bondé de monde, je choisis le côté gauche, plus calme, beaucoup plus à l'état naturel. Je dois insister pour que Sylvain me suive, ce qui me surprend, car normalement, tout comme moi, il aime profiter des beaux paysages dans l'intimité. Je regarde autour et seule la présence des oiseaux semble pouvoir expliquer son inconfort. Il est vrai que les oiseaux sont nombreux, un peu bruyants et ils n'ont pas l'air très sympathiques, mais de là à effrayer mon grand héros de 1,92 m, de plus de 90 kg, tout bien musclé ?

Lorsque je lui propose d'aller marcher, il ne se fait pas prier. Loin de ce tourbillon d'oiseaux, mon amoureux sourit de nouveau. En poussant Ève dans le *jogger*[2], il lui compose des chansons et il ne cesse de me répéter à quel point il est l'homme le plus heureux de la terre.

Ce n'est qu'en fin de journée qu'il se décide enfin à planifier ses déplacements chez son client. Autour d'un bon repas, mes parents et moi convenons d'emmener Ève au zoo le lendemain. En réalisant l'heure tardive à laquelle il sera de retour, Sylvain téléphone de nouveau à la compagnie aérienne pour modifier son horaire de vol afin de revenir avant le coucher de sa petite princesse.

« Promets-moi de ne pas la mettre au lit avant mon arrivée », me demande-t-il. Je connais par cœur cette phrase si souvent répétée, mais aussi la difficulté de mon amoureux à être à l'heure, comme il le souhaite.

Je savais que Sylvain appréciait beaucoup la présence de mes parents, mais je n'aurais jamais imaginé que nous passerions toute la semaine dans une caravane de 7,3 m avec eux. Même s'il est plutôt du style à préférer les hôtels de grand confort, je dois admettre qu'il s'adapte à tout.

---

2. Remorque à vélo.

Nous avons une complicité que personne ne peut rompre. Contrairement à mes autres relations, je ne ressens pas de besoin oppressant d'être seule avec Sylvain, mais ce soir-là, lorsque mes parents se proposent d'aller visiter des amis, j'en suis très contente, et contrairement à ses habitudes, je sens aussi Sylvain impatient de les voir partir.

Après leur départ, très tôt, nous grimpons dans notre lit de camp. Allongés l'un près de l'autre, nous regardons notre petit ange dormir dans le lit central. De sa grande main réconfortante, Sylvain caresse mon ventre, calmant ainsi Émy qui bouge sans cesse. Alors que je le crois presque endormi, Sylvain se glisse au-dessus de moi pour m'embrasser puis, dans la plus belle union, nos corps ne font qu'un.

Chapitre 2

Que d'imprévus elle nous réserve !

8 janvier 2003

Avant même le lever du soleil, avant mon réveil, Sylvain avait quitté le lit. En déliant mes muscles après une merveilleuse nuit, je souris à l'idée qu'il a sans doute, comme il le fait tout le temps, déposé sur nos fronts les plus beaux baisers.

Ce moment paisible du réveil est perturbé par ce rêve troublant dont je me souviens soudain, moi qui me rappelle rarement mes rêves. J'ai rêvé que mon ancien copain, avec lequel je n'ai eu aucun contact depuis sept ans, s'entêtait à me convaincre de renouer avec lui. Je le repoussais avec la même perplexité qui m'habite. Comment ne pouvait-il pas comprendre, malgré mon insistance, que rien au monde ne pourrait me convaincre de changer quoi que ce soit à ma vie ?

Après tout, j'ai un mari qui m'adore et que j'aime plus que tout, une charmante petite fille et une autre à venir qui le sera tout autant. Nous formons une belle famille et je suis la femme la plus heureuse au monde. Tout cela, je le sais, et ce n'est pas un rêve !

Peu de temps après le déjeuner, alors que je termine les derniers préparatifs pour notre visite au zoo, mon père se plaint d'un léger malaise et demande à se reposer. Je décide donc d'aller faire une courte promenade avec Ève en me disant que le zoo peut bien attendre un peu.

À peine dix minutes plus tard, mon père reçoit un appel sur son cellulaire.

Le vol 5481 de Air Midwest, sur lequel se trouvent Sylvain et dix-huit autres passagers en direction de Greenville, en Caroline du Nord, vient de s'écraser sur le tarmac de l'aéroport.

Les jambes molles et le souffle coupé, mon père s'assoit sur le pare-chocs de la caravane afin de retrouver ses esprits. C'est ma mère qui le rejoint en premier. À peine a-t-il le temps de l'informer qu'ils m'entendent au passage. Mon père va se réfugier dans la caravane du voisin afin d'obtenir plus de précisions et ma mère tente de m'éloigner.

Une fois le tout bel et bien confirmé, mon père m'annonce la nouvelle : « L'avion, Sonia, l'avion... »

Un avion était tombé. Mon univers venait de s'écrouler.

Je n'ai pas espéré et jamais nié.

Alors que l'on essayait de me consoler en me disant de garder espoir, qu'il pouvait y avoir des survivants, au fond de moi, je savais que Sylvain avait quitté ce monde.

Je suppliai ma mère de s'éloigner avec Ève. Lorsque ma petite protégée fut assez loin, j'ai crié, j'ai hurlé.

Je ne sais pas combien de temps je suis demeurée dans cet état de crise, incapable de réfléchir. J'avais mal dans mon corps, j'avais mal dans mon cœur. Je ne ressentais que douleur.

Puis me vint cette question : « Avait-il souffert ? »

Je ne pouvais supporter l'idée. Était-ce un acte terroriste, un bris mécanique, une erreur de pilotage ? Y avait-il eu des alarmes ? Avait-il eu le temps de réaliser qu'il allait mourir ? Sylvain connaissait si bien les avions qu'à la moindre anomalie il avait dû percevoir le danger. Était-il décédé lors de l'impact ou après, blessé, brûlé ?

À la pensée de mes filles, je voulais m'effondrer. C'en était trop. Ève venait de perdre son père et Émy ne le connaîtrait jamais. Quoi de plus précieux pour des enfants que leurs parents ? Mon cœur de mère saignait. J'avais mal pour elles.

Mon père fut vite joint par des représentants de la compagnie aérienne. On avait besoin de renseignements pour identifier les défunts et on nous offrait aussi du soutien. Puisqu'ils étaient les plus susceptibles de pouvoir répondre aux questions qui me hantaient, sans trop réfléchir, j'acceptai leur offre. Avec mes parents et Ève, j'irais à Charlotte le plus rapidement possible.

Chapitre 2 — Que d'imprévus elle nous réserve !

J'étais sous le choc. Personne ne peut prédire ses réactions dans une telle situation. Heureusement, l'humain est bien fait. Le cerveau prend à petites doses ce qu'il peut absorber. Je me suis donc vite réfugiée dans ma tête pour ne pas trop sentir mon cœur.

Moins de deux heures après cette terrible annonce, en quelques minutes j'avais fait mes bagages, en m'assurant d'y mettre l'essentiel pour ma petite Ève. Ce faisant, j'étais tombée, par hasard, sur la balle de golf avec laquelle Sylvain avait joué toute sa partie la veille. D'un geste colérique, je l'ai jetée au bout de mes bras. Puis, j'ai pleuré et crié encore.

Instinctivement, devant Ève, je cherchais à me ressaisir. Elle venait de perdre son père, elle ne perdrait pas sa mère. La seule chose que je pouvais faire maintenant pour Sylvain était de le couvrir d'amour en pensée et de bien prendre soin des puces et de moi-même. Ce fut mon pacte avec lui, mon pacte intérieur inscrit dans toute mon âme.

Cette même journée, un peu partout dans le monde, on pleurait la mort de Sylvain. À Lac-à-la-Tortue, dans le salon de mes beaux-parents, toute la famille réunie était sous le choc. À Saint-Louis-de-France et en Italie, les associés de Sylvain, bouleversés, tentaient de calmer les employés et les clients. Dans toutes les usines de pâtes et papiers, on parlait de l'accident. L'industrie papetière subissait une grande perte. À l'usine où je travaillais, on fit même intervenir un psychologue auprès de mes confrères les plus proches pour désamorcer le choc. Puis, il y avait tous les amis qui s'inquiétaient, téléphonaient et passaient sans cesse devant la maison pour attendre notre retour.

Afin de me rendre à l'aéroport, j'ai demandé à mes parents de faire venir deux taxis. J'avais besoin de me retrouver seule, sans Ève. Inquiets, mes parents préférèrent demander aux amis qu'ils avaient visités la veille de me conduire. En route, je pleurais et je tremblais, tellement mon corps me faisait mal. La souffrance persistait, elle m'étranglait. À la fin du trajet, je croyais avoir sorti tous les cris et toutes les larmes de mon corps, de mon cœur, mais ce n'était pourtant que le commencement.

À l'aéroport, une fois calmée, je retrouvai Ève et mes parents. Puis, escortés par le personnel aérien et toute une armée d'agents de sécurité, nous nous sommes dirigés dans le salon privé de US Airways. Ceux qui savaient pleuraient en nous apercevant.

Debout sur le comptoir de la salle de bain, me regardant droit dans les yeux, ma petite se mit à chanter le refrain d'une chanson de Sylvain Cossette: « Que je t'aime, que je t'aime, que je t'aime. Que je t'aime, que je t'aime, que je t'aime. »

Elle n'avait que vingt mois. J'ignore encore où elle avait appris cette chanson. Ce fut un moment de grâce, un moment intense. Au plus profond de ma détresse, l'amour me portait.

Direction Charlotte, en Caroline du Nord

Durant le vol, j'étais un peu en transe. Je ne savais plus trop ce qui était réel. Par moments, je me sentais comme un robot vide d'émotion qui ne fait qu'être là, alors qu'à d'autres moments, j'aurais voulu pouvoir arracher mon cœur qui souffrait si violemment. Autour de moi, on parlait de l'accident. J'aurais voulu crier et exiger que tous se taisent. J'aurais voulu hurler, frapper, mais en grande fille bien éduquée, je me ressaisis.

J'avais le pressentiment que Sylvain n'accepterait pas sa mort et que le passage serait difficile pour lui. Au fond de mon âme, déjà à ce moment, je savais que je devais l'aider à prendre le chemin d'un autre monde. Je souhaitais de tout mon cœur qu'il accepte ce qui venait d'arriver.

En fin de journée, alors que Sylvain aurait dû être à bord d'un vol pour revenir vers nous, j'étais sur le point d'atterrir tout près de l'endroit où son corps gisait, inerte, brûlé, décomposé à travers les débris d'un avion. Assise temporairement dans le dernier banc de l'appareil, à l'abri des regards d'Ève, je regardais ces horreurs silencieusement. Les quelques larmes échappées avaient une saveur de résignation. Du haut des airs, on voyait encore la fumée. J'ai vu le mur du hangar brisé, l'avion écrasé.

Chapitre 2 Que d'imprévus elle nous réserve !

C'était un cauchemar, une réalité dure à saisir. Une photo s'est imprégnée dans ma mémoire, mais je l'ai vite rangée dans un tiroir. Je l'ai rangée parce que je ne pouvais pas la supporter, parce que tout simplement, c'en était trop.

photo de Bob Jordan, AP

Des équipes de secours dégageaient les vingt et une victimes. Toutes étaient mortes. Minutieusement, on rapatriait les parties de corps ainsi que les débris mécaniques afin de découvrir des indices pouvant expliquer les causes de cette lourde tragédie. À un rythme fou, toutes les mesures d'urgence furent mises en place. Pendant plusieurs heures, on examinait chaque pouce carré d'un grand périmètre délimité. Pendant ce temps, sur une piste d'atterrissage avoisinante, une limousine m'attendait.

Dans la limousine, il n'y avait pas de banc d'enfant pour Ève. Je refusai catégoriquement d'embarquer. Sylvain avait toujours été plus protecteur que moi. Je me devais maintenant d'assurer l'entière sécurité de nos enfants. Il y a des incidents comme celui-là qui, avec du recul, me permettent de constater que j'étais vraiment en état de choc et que mon jugement en était atteint. Un banc d'enfant pour nous rendre simplement d'une aérogare à une autre n'était pas si indispensable.

Des agents de sécurité nous suivaient partout et il nous fallut contourner bien des médias. C'était comme dans un grand film.

À l'hôtel, une dame nous accueillit. En plus de cette personne formée pour intervenir en cas de tragédies, une équipe de soutien composée de psychologues, d'infirmiers et d'autres professionnels était aussi mise à notre disposition, et ce, jour et nuit. Tout était en place pour minimiser les dégâts. On me présenta ensuite des représentants de la compagnie aérienne, des enquêteurs, des avocats, des assureurs. Ce n'était pour moi que du vent, de la poussière dans les yeux, rien d'utile à ce moment. Tout ce que je désirais était de savoir si Sylvain avait souffert.

Les informations sur les circonstances de l'accident nous parvenaient au compte-gouttes. Un acte de terrorisme ne semblait pas être la cause, mais on ne savait toujours pas s'il y avait eu erreur humaine ou bris mécanique. J'appris que l'aile droite de l'avion avait tout d'abord frappé le hangar avant de tomber au sol. On m'informa ensuite que Sylvain se trouvait au troisième siège, rangée de droite, donc très près de l'aile.

Avait-il souffert ? J'avais mal. J'avais mal pour Sylvain.

J'avais aussi mal pour Ève. Que dire à mon petit trésor ? La question me hantait puisque environ au même âge qu'elle, j'avais moi-même mal interprété la mort.

Comme Ève, petite, j'étais très curieuse et j'avais aussi un langage très articulé. Au décès de mon arrière-grand-mère, j'avais interrogé mon entourage à propos de la mort. Un de mes oncles à peine plus âgé que moi m'avait alors simplement dit que mourir, c'était comme dormir. Avec toute ma logique de petite fille, j'ai apparemment compris que pour ne pas perdre ceux que j'aimais, il fallait à tout prix les empêcher de dormir. Après plusieurs jours d'insomnie et de crises, mes parents m'amenèrent à l'hôpital où le médecin de garde m'administra un léger somnifère. Je n'avais rien sauf la peur.

Chapitre 2 — Que d'imprévus elle nous réserve !

Ma mère m'a raconté que le lendemain, je lui ai demandé de m'amener à l'église pour la messe dominicale. Selon elle, à partir de ce moment, mon regard est redevenu paisible. Le même soir, au grand soulagement de mes parents, je me suis endormie rapidement.

Consciente des mauvaises interprétations possibles, je voulais moi-même expliquer la mort à ma fille. Je savais que certaines choses ne devaient pas être dites, mais je ne savais pas pour autant ce que l'on devait lui dire. J'écoutai donc attentivement les conseils que l'on me prodigua : « Ne forcez pas la conversation avec elle, laissez-la venir et répondez simplement à ses questions. Pour le moment, c'est de vous et du bébé à venir dont il faut vous occuper. Je vous envoie immédiatement un médecin pour vous examiner. »

Une heure plus tard, je me retrouvai sur une civière en ambulance. Anéantie par la peine, je n'avais pas ressenti la douleur des contractions. À l'hôpital, des infirmiers et résidents me bombardaient de questions. Complètement exaspérée, j'avais du mal à me concentrer et à répondre. Voyant la fréquence des contractions augmenter, on alla vite chercher le médecin principal. Ce dernier fit sortir tout le monde de la pièce et, sur un ton très autoritaire, il me dit : « Ma chère dame, si vous ne voulez pas perdre votre bébé, il va falloir vous calmer. »

Devant la mort, je devais jongler avec la vie. Quel paradoxe !

Il était beaucoup trop tôt pour qu'Émy naisse. On m'administra donc des calmants et autres médicaments. Je me suis concentrée sur ce petit être qui vivait en moi. Le travail a doucement ralenti, puis cessé.

Ce fut la nuit la plus horrible de toute mon existence. Mon corps souffrait, mon cœur pleurait, mais une force insoupçonnée m'habitait. J'allais continuer à vivre, donner la vie et répandre tout l'amour reçu.

En après-midi, on me permit de retourner à l'hôtel en demeurant sous surveillance permanente. Durant tout ce temps, on s'affairait à retrouver des indices pouvant expliquer l'accident. Il fallut en urgence joindre le dentiste de Sylvain pour obtenir les empreintes dentaires.

Nous sommes demeurés à Charlotte pendant quatre jours. Éloignés, la famille et les amis s'inquiétaient. Ils téléphonaient, envoyaient des messages, cherchaient à m'aider. Tous compatissaient, mais momentanément, aucun soutien ne m'apaisait. Je ne sentais que douleur.

Je me souviens des rencontres d'informations à travers les crises. Parfois, pour de courts instants, ma belle Ève me sortait de mon cauchemar. J'avais du mal à manger. On avait beau m'offrir les meilleurs fromages du monde, du homard, du canard, tout ce dont je raffole, rien ne ravivait mon appétit.

J'avais besoin d'air pur, j'avais besoin de la force de la nature, mais des périmètres de sécurité étaient disposés autour de l'hôtel et les médias ne se lassaient point d'attendre à l'extérieur. J'étouffais, j'avais du mal à bien me comporter, je ne dormais plus. Sans les enfants, je me serais enfuie ou je me serais simplement effondrée.

Ne pouvant plus supporter le flot d'émotions, je me renfermais par moments dans le raisonnement et je fonctionnais comme un robot. Au lieu d'être, je faisais. Ainsi, un après-midi, j'ai demandé que l'on me conduise au centre commercial. Je savais que conformément aux normes, pour les funérailles et le service, je devrais être vêtue de noir. Enceinte de presque sept mois, je commençais à être à l'étroit dans mes vêtements de soirée. On m'emmena dans un endroit de vêtements de bonne renommée, mais un peu dépareillés. Heureusement, je fus guidée, inspirée et, surtout, je ne fus pas trop sélective.

En moins d'une heure, je trouvai trois robes noires moulantes très confortables, des collants, un sac à main puis deux autres petites robes noires, pas trop austères, pour Ève. Comme ce n'était pas avec toute ma tête que j'avais empilé quelques effets dans ma valise en partant de la Floride, j'en profitai pour m'acheter aussi un manteau et autres nécessités ainsi que plusieurs livres et jeux pour distraire mon petit trésor adoré. Bien entendu, on régla la facture pour moi. Qu'ils étaient gentils...

Une fois les lieux de l'accident complètement nettoyés, on offrait la possibilité aux familles des victimes de s'y rendre. En raison de ma grossesse et de mon état fragile, tous me déconseillèrent d'y aller. J'écoutai plutôt ma petite voix intérieure qui me disait que la souffrance ne pouvait être plus grande que celle que je vivais déjà.

Ce matin-là, le ciel était bleu et le soleil brillait. Un périmètre de sécurité était dressé avec des bottes de foin tout autour des lieux nettoyés. À genoux, j'y déposai des roses rouges. Émy, qui avait l'habitude de toujours bouger dans mon ventre, sembla cesser toute activité. Puis, je sentis dans mon dos une chaleur intense, une chaleur pareille à celle ressentie chaque fois que Sylvain y déposait sa grande main. Enfin, le calme et la sérénité venaient me visiter. Je me sentais habitée par une grande sagesse et je ne ressentais qu'amour.

Me sentant reliée à Sylvain, avec la voix de mon cœur, je lui dis : « Mon amour, tu dois accepter ta nouvelle réalité. Je ne sais pas comment ni quand, mais sois sans crainte, je vais, moi aussi, l'accepter. N'oublie pas que je t'aime et que je t'aimerai toujours. »

Doucement, j'assimilais sa mort. Les beaux moments, particulièrement les derniers, demeuraient toujours présents dans ma mémoire. Heureusement, j'étais encore loin de prendre conscience de tous les impacts liés à son départ. J'étais incapable de regarder en avant, mais il fallait pourtant revenir à la maison.

Le retour à la maison

Malgré le manque d'informations entourant les circonstances de l'accident, je demandai à ce que l'on organise notre retour. Pour rentrer, il fallait reprendre l'avion. Lors du décollage, chaque seconde me parut une éternité. Curieusement, je n'avais pas peur pour moi, mais j'avais mal pour Sylvain. La ronde des questions sans réponses revenait me hanter. Avait-il eu peur ? Avait-il senti sa mort ? Quelles furent ses dernières pensées ? Je savais que, de son vivant, nous abandonner aurait été pour Sylvain le pire des châtiments.

Afin d'éviter les médias et tout un comité d'accueil à notre arrivée à Québec, nos noms avaient volontairement été omis sur la liste des passagers. Mis à part mes deux sœurs et leurs conjoints ainsi que nos amis Jean-Marc et Rachel, je ne voulais voir personne à notre arrivée.

En rentrant chez nous, je me suis dirigée vers notre chambre et je me suis jetée sur notre lit. En raison des nombreux déplacements de Sylvain pour son travail, j'étais habituée au silence de notre maison, mais cette fois, c'était différent. Il ne reviendrait pas, il ne reviendrait plus jamais. J'avais mal à l'âme, mais j'en sentais la douleur dans tout mon corps. J'aurais voulu ne plus jamais me relever, mais pour ma belle Ève et pour ma petite Émy encore dans mon ventre, j'allais retrouver le goût de vivre.

Je crois qu'Ève avait vite décodé que ma peine était liée à l'absence de son père. Normalement, dès que le téléphone sonnait, dès qu'une voiture arrivait, dès qu'une porte s'ouvrait, elle s'écriait : « Papa ! » À notre retour, elle ne l'a plus jamais interpellé.

Après quelques jours, malgré l'absence de questions, je lui dis que son père était mort. Je lui expliquai que son corps ne bougeait plus, qu'il ne respirait plus et que son cœur ne battait plus. Nous ne pourrions plus le revoir, mais dans nos cœurs, il allait continuer toujours d'exister, car nous penserions à lui.

Le dimanche suivant mon arrivée, je suis allée me recueillir à l'église. La vue de la chapelle sur le bord du lac évoquait plus pour moi la gratitude. Le sermon du prêtre, portant sur l'importance du rôle du père au sein de la famille, ne m'aida point non plus à retrouver la sérénité ce matin-là. Heureusement, au plus profond de mon être, j'avais foi que Sylvain pouvait être présent pour nous, sous une autre forme, dans un autre plan. Tel un ange, je souhaitais qu'il veille sur nous, mais il devait d'abord accepter son passage dans l'autre monde. De tout mon cœur, je voulais l'envelopper du plus bel au revoir.

Les rituels

Les parties de corps retrouvées allaient bientôt être rapatriées. Préférerait-il être totalement incinéré au lieu d'être enterré ? Que choisir pour Sylvain, pour moi, pour sa famille ? Quel genre de cérémonie pourrait être à la hauteur ? Qui aviser et quoi publier ?

Ces questions n'avaient jamais effleuré mon esprit et je suis à peu près certaine qu'il n'y avait lui-même jamais pensé. Avec nos nouveaux rôles de parents, juste avant les fêtes, j'avais songé à l'importance d'un testament, mais le temps était mal choisi pour aborder le sujet, avec Sylvain qui appréhendait le départ de son père. À cause du travail de Sylvain et sûrement aussi parce que c'est le genre de devoir que l'on veut toujours remettre à demain, j'annulai deux fois les rendez-vous fixés chez le notaire.

Je me retrouvai face à l'inconnu. J'avais l'impression de mettre en scène une pièce de théâtre. Je ne voulais pas y croire, mais c'était pourtant réel. Je devais avancer, rapidement faire des choix, et Sylvain n'était plus là pour approuver quoi que ce soit ou pour m'appuyer.

Les membres de sa famille m'ont fait un magnifique cadeau en me laissant toute la place et en me donnant leur entière confiance. Ils ne cessaient de me répéter que Sylvain m'aimait et qu'il n'y avait personne de mieux placé que moi pour faire les bons choix.

Dans l'ignorance de ses volontés, j'ai choisi les rituels catholiques les plus communément pratiqués et je les ai quelque peu modelés à mes besoins et croyances.

Personnellement, je désirais que Sylvain soit enterré à Lac-Beauport, près de la petite chapelle. Mais, peut-être aurait-il préféré être enterré dans le lot familial de son coin natal ? Sa famille me rappela gentiment que Sylvain avait choisi de vivre près de moi, ici, à Lac-Beauport, et que ce lieu était pour lui le plus merveilleux des endroits, puisque nous y étions.

Je sélectionnai une maison funéraire, puis je dus choisir le cercueil. Je choisis d'abord un beau cercueil en bois. Beau ? Pouvait-on qualifier de jolies ces boîtes pour les morts ? Tout à coup, une pensée me traversa l'esprit. Sylvain détestait les insectes et toutes formes de bestioles. Un cercueil en laiton serait donc préférable.

Quel non-sens! À 29 ans, enceinte de 7 mois, au lieu de choisir des vêtements de bébé ou une nouvelle couchette, je choisissais un cercueil pour mon défunt mari. Le geste et l'objet étaient très significatifs, car je n'ai jamais vu le corps de Sylvain inerte. Il m'était difficile de prendre conscience que je ne le reverrais jamais. Dans ma tête, je savais, mais dans mon cœur... je me noyais.

Un prêtre, ami de la famille, accepta de célébrer les funérailles. J'étais attristée à l'idée de ne pas tenir la cérémonie à la chapelle de Lac-Beauport, mais je ne pouvais songer à l'idée de laisser des gens sur le perron. Je choisis donc une église plus grande dans les environs. On refusa catégoriquement ma requête sous prétexte que ce n'était pas l'église de ma paroisse. J'étais dans tous mes états. Mes croyances en un être supérieur demeurèrent solides, mais j'étais choquée par le manque d'ouverture concernant la pratique de la religion catholique. Je dus lâcher prise. D'un point de vue égoïste, la chapelle de Lac-Beauport était finalement, pour moi et pour Sylvain, l'endroit parfait.

Je concentrai mon énergie sur ce qui était important à mes yeux et je déléguai le reste. Je sélectionnai des fleurs et je spécifiai les messages. Je choisis soigneusement chacun des textes et chants pour la cérémonie.

Durant les deux jours de visite au salon funéraire, je confiai Ève à sa gardienne. Je ne voulais pas l'exclure, car les rituels sont aussi importants pour les enfants, mais j'appréhendais beaucoup de tristesse, de colère, de crises. Trop de gens étaient encore sous le choc. Elle vint donc seulement la dernière heure, celle réservée à la famille immédiate. Plusieurs personnes durent attendre des heures sur le perron avant de pouvoir entrer au salon. La plupart étaient tristes et souvent malhabiles. Encore une fois, au lieu de m'effondrer, je trouvai des forces inespérées. Durant ces deux jours, je me sentis branchée à un pouvoir très intuitif. Facilement, je savais reconnaître ceux qui pleuraient le départ de Sylvain, ceux qui pleuraient un propre deuil, ceux qui pleuraient pour moi et nos filles et aussi ceux à qui la mort faisait peur. J'avais l'impression de jouer un rôle dans une pièce de théâtre dont je connaissais parfaitement les répliques. Pour chacun, je tentai de trouver des mots réconfortants. Je me sentais portée. La peine des autres me faisait oublier la mienne et je voulais transmettre ce que Sylvain m'avait légué : son positivisme, son ouverture et sa passion pour la vie.

Je savais que mon amoureux était aimé de sa famille, de ses amis, de ses collègues de travail et de ses clients, et je m'attendais à rencontrer beaucoup de personnes, mais jamais autant. Il est vrai qu'un tel accident médiatisé ne laisse personne indifférent. Souvent, les gens se projettent en se disant : « Et si cela m'arrivait à moi. »

Je fus surprise par la présence de collègues de travail de Sylvain, en provenance d'Italie, d'Angleterre, d'Ontario et des États-Unis et de tant d'amis proches de celui qui vivait pourtant à un rythme fou. Des travailleurs se sont mobilisés et même entassés dans des autobus pour venir lui rendre hommage. Je reçus plus d'une centaine de témoignages, tous aussi émouvants les uns que les autres. Je n'arrivais pas à croire qu'autant de gens, dont j'ignorais l'existence, considéraient Sylvain comme leur grand ami.

Je fus étonnée par toute cette solidarité : des voisins d'enfance, des amis d'école, d'anciens copains, autant de gens avec lesquels j'avais perdu contact, qui se sont déplacés pour me témoigner leurs condoléances.

À ce moment, je n'étais pas à même d'apprécier à sa juste valeur tout le soutien que l'on m'offrait. Maintenant, je suis certaine que la réunion de toutes ces personnes m'a grandement soutenue, et lorsque je ferme les yeux, je revois tous ces regards remplis de compassion.

Il fallut s'entasser les uns sur les autres pour célébrer dans la petite chapelle de Lac-Beauport, qui ne put malheureusement contenir tout ce monde venu de partout. Mêlée à tous ces gens, j'étais dans ma bulle. Je ne voyais que les prêtres, le cercueil et ma petite Ève à mes côtés. Je me sentais sereine. De beaux témoignages de la famille, d'amis et de collègues de travail me touchèrent. On parlait de Sylvain comme d'un chevalier des temps modernes, un homme vaillant, authentique, généreux, un rassembleur, un ami sincère. Tous confirmaient ce que je sentais : « Sylvain était l'homme le plus heureux du monde. »

Puis, ce fut à mon tour de m'adresser aux gens. Devant l'autel, je sentais Sylvain près de moi. Dans mon dos, je ressentais encore cette intense chaleur, comme chaque fois qu'il y déposait sa grande main :

Sylvain était un passionné. Il aimait les gens. Il adorait la vie. Vingt-quatre heures dans une journée n'étaient pas assez. Il vivait chaque moment intensément. Aujourd'hui, je suis convaincue qu'il aimerait que l'on en profite pour lui. [...]

Sylvain, aucun mot n'existe pour décrire notre bonheur. Ton amour a toujours été inconditionnel. Tu sais, peu importe où tu étais dans le monde, je savais que tu pensais à moi et que je pouvais compter sur toi. Aujourd'hui, je sais que c'est encore vrai. Tu es le meilleur des pères.

Je te promets de faire de mon mieux pour les puces. Je vais continuer à les aimer de tout mon cœur. Je pourrais te parler ainsi pendant des heures, mais il n'y a qu'une chose essentielle à dire... Je t'aime et je t'aimerai toujours.

J'allai ensuite m'asseoir près du piano avec Ève, et la chanteuse interpréta cette berceuse d'Annie Brocoli qu'il aimait tant lui chanter : « J'serai toujours là, tout près de toi, tant que tu ne dormiras pas. J'serai toujours là, tout près de toi, et je te prendrai dans mes bras. Dors bien, mon lapin. Je te tiens par la main. Et tes yeux fermeront doucement. Je t'aime tant (tendrement)[3]. » Les dernières phrases de la chanson étaient pour la petite Émy à venir : « Si tu veux, moi, je vais rêver à toi. Tu sais, je ne te connais pas beaucoup, mais je t'aime déjà. »

Le niveau d'émotions était à son plus haut. Dans cette petite chapelle, tous pleuraient. Même Pierre-André, le prêtre célébrant, eut de la difficulté à se ressaisir et à poursuivre la cérémonie. Jamais, de toute sa vie, il n'avait vu autant d'hommes pleurer.

3. Paroles de la chanson *Je serai toujours là* d'Annie Brocoli.

Chapitre 2 — Que d'imprévus elle nous réserve !

On sortit le cercueil de l'église. On attendrait le printemps pour la mise en terre. On se rendit ensuite dans un manoir, sur le bord du lac, où je reçus parents et amis. On y parla de Sylvain, on raconta de belles choses à son sujet. C'était un homme intense et coloré. La vie lui avait souri et, à la vie, il avait toujours su dire oui.

Avec du recul, je ne sais pas encore où j'ai trouvé la force et l'énergie pour vivre ces moments. J'ai donné le meilleur de moi-même en ne négligeant rien de ce qui avait de l'importance à mes yeux. Ainsi, temporairement, je prenais un répit de mon sentiment d'impuissance. Je ne me souviens pas de tous les détails, mais je me souviens surtout de mon état d'âme. Au-delà de la peine, j'étais heureuse de rendre cet hommage à Sylvain.

Les obsèques avaient mobilisé mon attention et toutes mes énergies. On avait ensuite peur pour moi. On m'avait prévenue de la difficulté pour les personnes endeuillées de reprendre la routine, mais dans ma situation, mon quotidien n'avait plus rien d'un quotidien. J'avais tant à faire, tant à régler, tant à voir… Une montagne s'élevait devant moi.

J'étais confinée au repos en raison du travail de grossesse bien amorcé. Il était donc hors de question que je retourne travailler avant la naissance d'Émy. Je devais être très vigilante, car je portais en moi un petit être qui avait besoin de se nourrir et de se développer à travers mon corps. Je voulais lui faciliter ce passage sur terre et je tenais à lui préparer un bel accueil.

Puis, je devais également prendre soin d'Ève. Sa perte était grande et j'étais son soutien. Je devais l'accompagner et la guider. Je voulais qu'elle sache que son père ne l'avait pas abandonnée. Il était et serait toujours présent dans nos cœurs. Il fallait aussi la préparer à la venue de sa petite sœur.

Je vivais plusieurs deuils. Je venais de perdre l'amour de ma vie, le père de mes enfants et mon grand complice de tous les jours. Je devais renoncer à plusieurs projets et à plusieurs rêves, alors qu'à côté de Sylvain, tout me semblait possible. Plus que jamais, je sentais le besoin d'être épaulée. J'aurais voulu qu'il soit là pour me guider, pour me rassurer devant cette nouvelle réalité, mais j'étais seule pour continuer.

Comme si ce n'était pas assez, les questions concernant les circonstances, les causes et les responsabilités de l'accident planaient toujours. Même si je demeurais coupée des médias pour me protéger, on me rapportait continuellement ce qui se véhiculait ; à CNN on parlait « d'une sorte d'événement catastrophique », une porte-parole de l'agence des ambulanciers avait déclaré au *USA Today* : « On n'arrive même pas à deviner qu'il s'agit d'un avion. C'est horrible. » Dans le *New York Times*, des officiers fédéraux précisaient que rien n'indiquait du sabotage, mais que rien n'était encore exclu, y compris la possibilité d'une surcharge de poids. Alors que j'attendais des nouvelles de sources sûres, les officiers disaient aux médias que ça pourrait facilement prendre des mois pour déterminer la cause. En même temps que toute la population, je recevais les nouvelles au compte-gouttes. Puis, il y avait aussi ces assureurs et ces divers représentants qui tentaient inlassablement de me joindre.

Des journées de 48 heures n'auraient pas été suffisantes pour tout accomplir. Et que dire des nuits ? Dans mon ventre, Émy bougeait sans cesse et Ève était victime de terreurs nocturnes. Nuit après nuit, lorsque j'arrivais à trouver le sommeil, ses cris me réveillaient. Déjà sujette à l'insomnie, j'avais toutes les raisons du monde de ne plus dormir. J'étais en panique.

Ma priorité étant mes enfants, j'acceptai toute l'aide que l'on m'offrait. J'avais quelqu'un à la maison presque en permanence, car j'avais peur de céder au découragement et de tomber. Je déléguai toutes mes responsabilités concernant l'entretien de la maison, les repas et les tâches du quotidien, je ne faisais même plus mon lit. Mes seuls bons moments étaient partagés avec Ève. Sa joie de vivre me ramenait au présent. Pendant de courts instants, lorsqu'elle souriait, dansait et chantait, j'étais heureuse.

Trop souvent, je me coupais de mes émotions en occupant mon esprit. J'accomplissais des tâches. Je faisais au lieu d'être, mais malgré l'action, je ressentais toujours un immense vide.

Chapitre 2 — Que d'imprévus elle nous réserve !

Aucun adieu, aucun au revoir. Je n'étais pas préparée. D'un autre côté, je sais que Sylvain n'aurait pas su me dire adieu. Il n'aurait pas supporté d'être malade ou handicapé. Les derniers instants partagés avant sa mort étaient conformes à sa personnalité. Ils me laissaient sur des pensées positives et tout à fait vivantes.

Malgré toute cette rationalité, toute ma conscience et toute ma compréhension, j'avais mal. Pour moi, tout était arrivé trop vite, trop violemment. J'aurais aimé le revoir une dernière fois, j'aurais aimé qu'il me berce, j'aurais aimé l'entendre me dire encore « je t'aime ». Dans l'absence, je cherchais des signes.

J'ai fouillé tous les recoins de la maison puis vidé ses poches de vestons, classé ses papiers, parcouru ses documents électroniques et courriels. Parfois, je tombais sur des factures qui me rappelaient un bon souper, une partie de golf ou un beau séjour en amoureux. Ce que j'aimais le plus, c'était de retrouver l'une de ses nombreuses cartes ou un simple petit mot écrit de sa main. Remerciements et messages d'espoir ou d'amour… Que de mots doux il me répétait, que de mots doux il m'écrivait.

Un après-midi, je mis la main sur une lettre qu'il m'avait écrite peu de temps avant les fêtes : *« Par la simple force de la pensée, un événement triste peut se transformer en un jour heureux, un après-midi de pluie, en douche automnale, et un manque d'amour, en vie pleine de tendresse. "Une seule pensée heureuse, Peter, et tu pourras voler." Mais Peter Pan pouvait-il vraiment voler ? Peu importe, puisque sa pensée heureuse semblait le lui permettre.*

» P.-S. Moi, j'ai ma pensée heureuse. C'est ton doux visage qui me sourit. Crois-tu pouvoir en trouver une ?

» Sylvain xxx »

Les larmes coulaient sur mes joues. Bien sûr, en pensant à lui, j'avais des milliers de petits bonheurs présents à ma mémoire. Par cette lettre, il m'encourageait à garder espoir, il me suggérait de maintenir vivantes toutes mes pensées heureuses. Je devais oublier la mort et croire en un amour au-dessus de tout.

Sylvain avait vraiment une façon bien à lui de transformer un rien en merveille, de tirer le meilleur de tout, de chaque être, de chaque événement, de chaque instant.

C'est alors que me vint l'idée d'une carte-souvenir, soit une photo de Sylvain avec ce message au verso, ces mots qui venaient de lui. J'ouvris la boîte de photos. Nos six années défilaient devant moi. Que de souvenirs ! Nos premiers moments, Sylvain au golf, au tennis, dans sa vieille voiture MG 1973, en montagne, avec des amis, durant les fêtes, dans nos voyages en Asie, en Amérique centrale, en Europe, et j'en passe. Toutes les photos avaient un petit quelque chose qui le représentait bien, mais mon choix s'arrêta sur une image de Sylvain perché au sommet d'une montagne en Grèce. Torse nu, avec un petit sac sur le dos, il regardait au loin la mer d'un air serein et confiant. C'est comme s'il regardait l'éternité avec confiance, avec cette conviction que tout est possible.

Pour moi, comme pour toutes les personnes qui avaient croisé Sylvain, son souvenir ne pouvait qu'inspirer le dépassement de soi.

Chapitre 3

Que de parcours elle nous offre !

L'écriture

Malgré les intervenants, les parents et les amis qui étaient là pour me consoler, rien ne me soulageait vraiment. Personne ne pouvait comprendre ma perte. Lui seul connaissait tous les fils tissés qui nous unissaient.

Après son départ, je me suis souvent demandé si je n'idéalisais pas un peu la relation que nous avions et ma vie d'avant. Bien sûr, Sylvain et moi avions parfois des différends et il n'était pas rare de nous voir nous tenir tête. Nous avions tous deux de forts caractères, mais la bonne connaissance de nous-mêmes et de l'autre, avec une communication très fluide et beaucoup d'amour, nous permettait de résoudre rapidement nos différends. Je crois que nous étions vraiment compatibles. Je lui reprochais parfois de travailler trop, mais en même temps, j'admirais ses accomplissements et sa vaillance. Ses défauts, qui auraient pu être horribles pour une autre personne, me faisaient simplement sourire.

Un matin, par hasard, je retrouvai mon journal intime.

1er juillet 2000

Cher journal,

Je t'avais oublié. Pourtant, il s'est passé tant de belles choses dans ma vie. On oublie trop souvent de s'arrêter pour remercier. Sylvain et moi vivons heureux et je ne me fais aucun souci pour l'avenir. Durant les dernières années, nous avons profité de la vie au maximum : des soupers en amoureux, de nombreux moments d'intimité, du sport et des voyages à souhait, des amis, bref, la belle vie. Je ne croyais jamais rencontrer quelqu'un avec qui je pourrais ainsi partager ma vie, sans jamais m'en lasser. [...]

Durant les dernières années, j'avais peu écrit. J'avais vécu. Ces quelques lignes écrites à l'époque me démontraient, une fois de plus, à quel point nous étions reconnaissants de ce bonheur dans lequel nous vivions.

C'était injuste. Pourquoi nous, pourquoi Sylvain ?

Ne l'ayant plus à mes côtés, je repris ma plume pour me confier. Écrire à qui et pourquoi ? J'avais besoin de m'exprimer sans peur d'être jugée. J'avais aussi besoin d'être écoutée. À travers ma détresse, il me restait l'espoir, celui que, de là-haut, on pouvait me lire et m'entendre.

✎ *Janvier 2003*

Qui aurait pu y croire ? Un tel bonheur, tant d'amour. Puis, aujourd'hui, j'ai si mal. Sylvain est parti. Comme le dit Ève, « on ne peut plus le voir ».

Tant de questions, tant de contradictions en moi. Pourquoi ? Mon Dieu, aide-moi à comprendre.

Sylvain, est-ce toi que je sens parfois à mes côtés ? Est-ce toi qui me transfères toute cette énergie me permettant ainsi d'avancer pour Ève et Émy ? [...]

Aide-moi à sentir que par l'esprit tu es encore plus près de moi que lors de tous tes voyages.

Je t'aime.

C'était le début d'une longue thérapie. J'ai rempli des lignes, des pages, des livres puis d'autres livres. En me relisant, je revois la ronde des émotions qui allaient et venaient : la négation, le manque, l'injustice, la peur, l'impuissance, la colère, la peine, le doute, la faiblesse, la volonté, la reconnaissance et l'amour.

✎ *[...] Je t'écris et c'est comme si c'était impossible que tu ne puisses lire cette lettre. Je voudrais que tu sois seulement parti en voyage. [...]*

✎ *[...] J'aimerais tellement te serrer dans mes bras, poser ma tête sur ton épaule et simplement te dire je t'aime. Pourquoi toi ? Tu as été si généreux sur cette terre. [...]*

[...] Comment continuer sans toi ? J'ai peur de ne pas arriver à donner ce qu'il y a de mieux aux filles. J'ai peur de perdre la tête. Je me sens impuissante. Je voudrais prier jour et nuit pour toi. [...]

Aujourd'hui, je suis fâchée, en colère contre Dieu, révoltée par rapport aux événements. Mon cœur est comme une rivière où les larmes sont inépuisables. [...]

[...] Si seulement je pouvais être certaine que tu es bien, que tu acceptes ta mort. Toi, mon amour, mon ami, le père de mes enfants, puisses-tu demeurer présent sans être vivant. [...]

[...] Comprends combien c'est dur pour moi de m'imaginer élever seule les enfants. Je suis fatiguée, je n'en peux plus. [...]

[...] Ton amour était inconditionnel. Merci pour nos belles puces. Il n'y a pas de mot pour t'exprimer ma gratitude. [...]

Les thérapeutes

Immédiatement après mon retour de Charlotte, pour m'aider dans mon immense deuil, à la suite des recommandations que l'on m'avait faites, j'ai rapidement consulté un psychologue spécialisé dans les chocs post-traumatiques. Il me demandait de me raconter. Je le faisais et en plus j'analysais mes réactions. Souvent, en réponse à ses questions, je répétais ce que j'avais déjà exprimé devant mes amis. J'étais très bien entourée et j'ai toujours eu une grande facilité à parler. C'est peut-être la raison pour laquelle ces consultations m'ont vite semblé insatisfaisantes.

J'ai ensuite fait appel à une psychologue spécialisée en deuil, car je voulais en connaître davantage sur le sujet. Je cherchais à comprendre ce que je n'avais pas encore saisi. En bonne gestionnaire, j'aurais voulu gérer mon deuil. Comme souvent présenté dans les livres, j'aurais voulu le vivre par étapes, de façon ordonnée. Je cherchais des repères et je croyais fermement qu'avec une méthode, de la discipline et de la volonté, je le réglerais. Je m'étais bien trompée.

La connaissance du processus ainsi que les outils systématiques proposés par cette thérapeute n'ont pas eu les effets escomptés. Une fois de plus, ce type de thérapie sollicitait trop ma tête au détriment de mon cœur.

Comme chaque être est unique en raison de sa personnalité, de son caractère, de sa maturité émotionnelle, de ses croyances ainsi que de l'unicité de chacune de ses épreuves, les besoins d'interventions diffèrent de l'un à l'autre. Pour défaire chaque maillon de la chaîne bâtie au fil de la relation avec la personne aimée, j'ai compris qu'il n'y a pas d'ordre ni de durée préétablie.

Aujourd'hui, je remercie la Providence pour mon propre parcours parsemé d'agréables surprises, de belles rencontres, de grands enseignements, de beaucoup de signes fortuits et, surtout, de simples événements inattendus, mais combien formateurs.

Le reiki

Pour sortir de ce rythme d'enfer que je vivais à la maison, je me réfugiais souvent au centre de santé d'une auberge situé sur le bord du lac. Ces petits moments à moi me permettaient de me retrouver et d'apprivoiser consciemment tous ces changements.

Pour me détendre, j'ai essayé divers types de massages. Les premières expériences ont été catastrophiques. Je ne pouvais supporter d'être touchée par d'autres. Heureusement, lors d'une séance qui aurait bien pu être la dernière, le masseur disponible ce matin-là me proposa le reiki, un transfert d'énergie par imposition des mains. Je n'avais rien à perdre à essayer. Couchée sur la table, impuissante devant ma liste de choses à faire, je ne pouvais que me reposer un peu.

Quelle surprise ! Lorsque ce maître de reiki passa ses mains audessus de mon plexus, les larmes coulèrent sur mes joues. Pourtant, je ne voyais pas ses mains, je sentais seulement de la chaleur. Ce qui me surprit le plus, c'étaient ces visions. Était-ce le fruit de mon imagination ? Je n'ai aucune explication. Je sais seulement que l'effet était libérateur et que j'ai eu envie de recommencer l'expérience.

Durant la première séance, couchée sur la table, les yeux fermés, Sylvain m'est apparu. Je me voyais déposer ma tête sur son épaule et pleurer. Il accueillait ma peine. Durant la deuxième séance, Sylvain me berçait avec Ève et Émy dans mes bras. Je me montrais souriante et forte jusqu'au moment où quelqu'un vint chercher les puces. Sylvain continua de me bercer doucement, mais plus il essayait de me consoler, plus j'avais mal, plus je pleurais.

Dans une autre séance, je nous voyais tous les quatre dans un champ de marguerites. Les filles étaient plus vieilles. Elles devaient avoir environ cinq et sept ans. Nous courions légèrement, librement. C'était beau, ça me paraissait vraiment réel. Puis, soudainement, comme dans une tornade, Sylvain s'est élevé vers le ciel. À ce moment, la tristesse s'est de nouveau emparée de moi. Pour leur part, les filles ne semblaient pas incommodées par le départ de Sylvain ni par ma peine. Alors que leur père continuait de s'éloigner, elles me tendaient gentiment de belles marguerites. À la fin, je ne voyais que son visage. C'était comme s'il me disait qu'il était partout. J'aurais voulu lui sourire, mais je n'y parvenais pas.

Dans une autre vision, je balançais Ève et Émy dans la cour. Puis, arrivant par-derrière, Sylvain m'embrassa sur la joue. Lorsque je me retournai, Émy tomba. Je compris le message : je devais veiller sur nos filles et regarder en avant.

Si ce n'avait été de l'heureux hasard de m'être retrouvée en présence de ce maître de reiki, en cartésienne que j'étais, je n'aurais sûrement pas cru en cette discipline. Je ne comprenais pas réellement ce qui se passait, mais les tempêtes d'émotions qui déferlaient à chacune des séances ne m'effrayaient pas, car je les savais passagères. J'aimais leur effet de décharge.

Après ces séances, étendue dans une grande chaise longue, bien emmitouflée dans de grosses couvertures, j'aimais regarder le reflet du soleil sur la neige immaculée recouvrant le lac. Allégée, j'aimais aussi écouter les douces mélodies qui caressaient mes oreilles. C'étaient de bien courts moments, mais d'un réconfort qui m'aidait à garder espoir en des jours meilleurs. Sans trop m'en rendre compte, doucement, j'apprenais à calmer mon esprit.

Dans la plupart des séances, je ressentais l'amour de Sylvain et une grande proximité, mais malheureusement, certaines m'ont laissée un peu perplexe.

Par exemple, lors d'une séance, je me voyais en train de pousser un chariot avec les puces endormies sur une plage des Îles-de-la-Madeleine. Alors que j'avais de la difficulté à avancer, Sylvain m'est apparu. Il voulait m'aider, mais il n'y arrivait pas. Il était en colère. Une fois calmés, nous nous sommes jetés dans les bras l'un de l'autre en pleurant. Était-il fâché contre moi ? Étais-je en train de dépasser mes limites ? Avait-il simplement du mal à accepter le fait de ne pouvoir m'aider dans mon quotidien ? Peurs ou projections ? Je ne savais pas, mais je ressentais.

Dans une autre séance, je me voyais assise sur une roche près d'une rivière où nos filles, âgées de peut-être huit et dix ans, se baignaient. Alors que j'écoutais le bruit de la cascade, au-dessus de moi, pour un court instant et de façon peu distinctive, comme à travers une aurore, Sylvain m'est apparu. Il nous observait et il nous souriait. Je m'efforçais d'apprécier le moment, la présence des filles et la tranquillité de la nature, mais en même temps, j'avais le cœur gros. J'étais sur le point de pleurer lorsqu'en me retournant, j'aperçus la silhouette d'un grand homme qui marchait vers moi. Je n'arrivais pas à voir son visage. En courant, j'allai le rejoindre et je me jetai à son cou. Je souhaitais profondément que ce soit Sylvain, mais c'était un autre homme. Même si je cherchais Sylvain dans l'énergie, j'avais aussi besoin d'une présence physique, d'une épaule solide pour y déposer ma tête, pour me réconforter.

Quelques jours avant mes trente ans, je vécus une expérience plus troublante. Au début de cette séance de reiki, je me voyais en position de repos et je suppliais qu'on me soulage. Je cherchais à voir le visage de Sylvain sans y parvenir. Puis, je vis s'échapper de moi des morceaux, des éléments diffus, des corps de lumière. Tout à coup, je me sentis complètement sortir de mon enveloppe charnelle et je me retrouvai au-dessus de mon propre corps. J'avais beau ouvrir les yeux, mais je voyais toujours mon corps étendu sur la table de traitement. Une force m'attirait vers le plancher pendant qu'une lumière blanche, très claire, m'aveuglait. Toujours attirée de plus en plus fort vers le bas, je me sentis enfin redescendre doucement et réintégrer mon corps. De retour dans mon enveloppe charnelle, il me fallut beaucoup de temps et d'efforts pour bouger de nouveau. Effrayée, je racontai au maître de reiki ce que j'avais vécu. Il me dit ceci : « Tu es chanceuse. Plusieurs personnes essaient pendant des années de réussir un voyage astral de la sorte. La prochaine fois, essaie de sortir par la tête. »

Sortir par la tête ! Croyait-il que je pouvais vraiment planifier ce type de voyage ? Je n'avais aucun désir de recommencer. J'étais plutôt effrayée et stupéfaite. Mon esprit scientifique demeura muet, sans explication.

Partage d'expériences

Dans mon premier jet d'écriture, alors que je pensais que « par bonheur, la vie est parfois parsemée de drôles de coïncidences », ma main a écrit « par bonheur, la vie est parfaite ».

Le dernier automne avant le décès de Sylvain, en marchant dans la rue, j'avais rencontré Johanne et son petit garçon qui avait sensiblement le même âge qu'Ève. Je ne me souviens plus trop de l'enchaînement de nos conversations, mais je me souviens clairement du moment où elle m'apprit qu'elle avait perdu son conjoint lorsqu'elle était enceinte de Victor. Les hormones de grossesse bien présentes, je fus incapable de retenir mes larmes. J'étais triste pour elle, pour ce beau petit bonhomme aux cheveux frisés, pour cet homme si jeune qui avait perdu la vie. J'aurais aimé lui venir en aide, mais je ne pouvais que l'écouter et sympathiser. Le soir, au téléphone, je racontai l'incident à Sylvain. Je trouvais la vie injuste.

Les jours ont passé, et je n'ai pas revu Johanne. Ce n'est que quelque temps après l'accident de Sylvain que je me suis rappelé cette rencontre. Comment s'en sortait-elle ? Se souviendrait-elle de moi ? Un après-midi, je me rendis à sa demeure. J'appris qu'elle était déménagée. Déterminée, je réussis quelques semaines plus tard à la retracer.

Johanne m'a ouvert son cœur. C'est maintenant une très grande amie. Nos histoires, même si elles semblent similaires, n'ont que très peu de choses en commun, sauf le départ soudain de l'être aimé lorsque nous étions enceintes. Nos préoccupations et nos parcours sont différents. Ensemble, nous avons beaucoup parlé de nos vies et de nos expériences respectives. Johanne m'a souvent rappelé l'importance de prendre du bon temps pour moi. Nos échanges nous ont mutuellement apporté lumière et réconfort.

Je lis rarement le journal et je ne regarde jamais les chroniques de décès, mais, un matin, trois automnes après la rencontre de Johanne, en tournant rapidement les pages d'un journal, la photo d'un homme dans le début de la trentaine capta mon attention. Je lus le texte. Cet homme laissait dans le deuil sa femme, son fils de trois ans et un autre enfant à naître. Instinctivement, je souhaitai sympathiser avec cette femme. Je lui ai simplement écrit quelques mots venant du fond de mon cœur et j'ai laissé la porte ouverte. Comme dans le film *Payez au suivant*, on m'avait soutenue et j'avais à mon tour envie d'offrir mon aide ou du moins de simplement livrer un petit message d'espoir.

À ma grande surprise, immédiatement après les funérailles de son conjoint, avant même d'accoucher, Marie-France me joignit. Mon courriel était le deuxième message qu'elle avait reçu au salon funéraire. À la lecture, elle avait déclaré à sa mère qui se tenait à ses côtés : « Je suis certaine que je vais avoir besoin de cette inconnue qui m'envoie ce message. »

Notre première rencontre fut d'une grande intensité. Je sentais bien sa détresse, mais je percevais aussi sa volonté et son grand cœur. Mon intention était simplement de sympathiser et voilà qu'aujourd'hui, notre belle relation d'amitié fait partie de ce qui me tient le plus à cœur.

Quelques années après notre rencontre, témoin de son beau cheminement, la thérapeute de Marie-France lui a proposé de rencontrer une autre personne endeuillée dans le besoin. Cette dernière a accepté en repensant à tout le bien procuré par nos rencontres et discussions. La chaîne se poursuivait comme dans *Payez au suivant.*

En plus des réflexions et conseils très aidants, d'autres belles rencontres suivirent.

Des messagères de l'au-delà

C'est en parlant avec Johanne de ce que je vivais et particulièrement en lui confiant mes inquiétudes quant à Ève et à ses terreurs nocturnes qu'elle me suggéra de prendre rendez-vous avec Linda, une naturopathe. Johanne m'avait prévenue de son horaire chargé. Je lui téléphonai donc sur-le-champ. Elle venait de recevoir une annulation pour un rendez-vous le lendemain. Elle m'attendait à dix heures trente avec Ève.

En quelques mots, je lui expliquai ma situation. Avec des gouttes, granules et certaines manipulations sur nos corps, elle nous traita l'une après l'autre. Au départ, je n'étais pas totalement convaincue de la réelle efficacité de ces traitements sur mon état émotif, mais je me rassurais en me disant que c'étaient des produits naturels et que cela ne pouvait être nocif. Linda avait du moins réussi à asseoir Ève sur la table de traitement et à lui faire quelques chatouilles, ce qui était déjà un exploit puisque, normalement, en arrivant dans une salle d'attente qui ressemblait à celle d'une clinique, après un simple regard, Ève voulait s'enfuir.

Lors d'une rencontre subséquente, Linda me confia qu'elle avait été déclarée cliniquement morte à deux reprises et qu'elle possédait un don pour voir ce que d'autres ne voient pas. Je ne fus pas surprise de ce qu'elle me révéla par la suite : « Le passage de ton mari dans l'autre monde fut très difficile, car il ne voulait pas accepter sa mort. Il a mis beaucoup de temps à comprendre ce qui se passait avant de réaliser qu'il avait terminé ses missions de vie. »

Elle me précisa que de l'autre côté, il était très bien entouré, car son âme avait beaucoup aimé. Elle comprenait que pour moi, il était difficile de trouver un sens à sa mort et de croire que ses missions sur cette terre étaient déjà accomplies, alors qu'il n'avait même pas rencontré Émy.

Elle ajouta : « Un jour, tu comprendras. Pour le moment, sache que Sylvain a choisi de demeurer en guidance pour vous, et ce, tant et aussi longtemps que vous en aurez besoin. »

Ses paroles me réconfortaient. Je n'aurais pas aimé que l'on me dise qu'il allait se réincarner sous peu.

« Émy va se souvenir de son père encore plus qu'Ève, puisqu'il a fait le passage juste avant sa naissance. Leurs âmes se sont croisées sur le plan du cœur et jusqu'à environ cinq ans, elle le verra et pourra le sentir, surtout lors de son sommeil. »

Elle me parla encore longuement d'Ève et d'Émy, puis elle me dit : « En ce qui te concerne, dans cette vie, tu dois exercer le détachement et développer ton autonomie. »

Même si, étonnamment, les propos de Linda correspondaient beaucoup à ce que je ressentais, je me demandais, par déformation professionnelle – je suis ingénieure de formation, rappelons-le –, comment je pourrais valider ces informations. Cette même journée, j'en parlai avec ma mère. Devant ce témoignage, elle ne put s'empêcher de me raconter ce qu'une autre médium lui avait confié : « Selon la dame que j'ai rencontrée, Sylvain a mis beaucoup de temps à accepter sa mort. Il a en quelque sorte "pété sa coche". Son âme a erré. Elle m'a raconté qu'au départ, il avait préféré se promener sur tous les plus beaux terrains de golf du monde et je te jure que je ne lui avais jamais parlé de sa passion.

» Selon elle, heureusement, il a enfin compris que ses trois principales missions étaient terminées : faire évoluer la technologie dans un domaine précis, participer au retour sur terre de deux veilles âmes et enfin vivre une relation d'intimité épanouissante. Il aurait signé ce pacte de vie dans la conscience que ses missions devaient être complétées avant ses quarante ans. Il l'avait accepté, car avant cette vie, il ne connaissait pas l'attachement, mais il s'est fait prendre dans le détour. »

J'étais stupéfaite. J'avais demandé des signes pour me confirmer qu'après la vie, il y avait la vie. Je voulais être certaine que mon amoureux allait bien, qu'il avait accepté sa mort et qu'il pouvait m'entendre et voilà que venaient à moi ces deux discours comparables, émergeant de deux sources différentes. Au lieu de simplement rendre grâce pour ces manifestations, mon cerveau se mit à tourner à haute vitesse. Johanne avait-elle raconté mon histoire à Linda ? Ma mère avait-elle été bavarde et avait-elle ainsi livré plein d'informations à cette médium ? Bien sûr, l'accident avait été médiatisé, mais je n'avais pourtant rien commenté. Seuls les principaux faits avaient été rapportés. Ces récits pouvaient-ils convenir pour toutes les situations ? Que de questions je me posais !

Pour faire encore plus appel à mon sixième sens, ma mère me parla de sa première visite chez cette médium, quelques mois avant le décès de Sylvain : « À ce moment, cette dame m'a confié qu'une de mes trois filles vivrait un événement tragique. Je serais très inquiète, mais il fallait que je demeure patiente et confiante. Ma fille allait s'en sortir. La joie d'être maman la sauverait. »

Je n'en revenais pas. Si cette médium avait vraiment prévu la mort de Sylvain, elle avait bien su présenter les choses à ma mère.

Ma mère poursuivit : « Je n'ai pas trop cherché à comprendre ce dont elle parlait, car je savais qu'il me serait inutile d'anticiper le futur et de nourrir la peur. Après les funérailles, je me suis souvenue de ce qu'elle avait prédit. Afin de m'aider à mieux comprendre ce que je trouvais incompréhensible, si injuste, j'ai tenu à la revoir. »

À mon grand étonnement, durant les nuits qui suivirent la rencontre avec Linda, Ève semblait dormir plus calmement. C'était maintenant mes réflexions à propos de toutes ces confidences qui venaient troubler mon sommeil. Malgré mes appréhensions sur ce monde un peu ésotérique, je ne pus résister à l'envie de rencontrer cette autre médium.

Quelques semaines plus tard, je me présentai au rendez-vous qu'elle m'avait fixé. Je garai ma voiture devant la maison de style canadien, puis je sonnai à la porte. La dame aux cheveux gris qui m'accueillit avait l'air un peu mystique. Je la suivis jusqu'en haut de l'escalier où elle me fit entrer dans une petite pièce, meublée simplement d'une table et de deux chaises. Déposés sur la table, il y avait un microphone, un pichet d'eau avec deux verres ainsi que ses instruments : une carte plastifiée avec des quadrants colorés et une chaîne munie d'un pendentif, qui lui servait de pendule. Lorsqu'elle se mit à me parler d'une voix calme et posée, comme celle que l'on imagine pour un sage ou un prophète, je me sentis hypnotisée.

Au téléphone, je m'étais rapidement présentée à elle. Je lui avais précisé que j'étais la fille de Françoise. Elle connaissait donc par le fait même une partie de mon histoire. J'aurais pu ne rien dire pour la tester, mais ce n'était pas mon but. Au fond de moi, j'espérais qu'elle entre en contact avec Sylvain.

Elle commença tout d'abord par me donner des précisions sur le passage d'un monde à l'autre : « Il faut trois jours pour que les corps se dispersent et se rapatrient. Dans l'autre monde, c'est la naissance, c'est le moment où l'âme est accueillie. Puis, l'âme adopte, après un processus de soins et de guérison, la forme physique correspondant à la période de sa vie terrestre où elle s'est sentie la plus épanouie, pour lui servir de véhicule dans les communications qu'elle amorcera, éventuellement, avec les êtres qu'elle a laissés sur la terre. »

Dans le cas de Sylvain, ça aurait pu être la veille de sa mort, mais pour les personnes âgées ou les malades, ce devait être bien de se retrouver au meilleur de leur forme, pensais-je.

« Vient ensuite l'étape où l'âme est mise en contact avec les événements de sa dernière vie terrestre où elle a failli par manque de force, d'amour, de courage et elle en éprouve une grande peine. C'est le "purgatoire", qui dure plus ou moins longtemps, selon la vie qui a été vécue. Finalement, l'âme retrouve tous les aspects positifs de sa dernière incarnation : l'amour qu'elle a donné, le bien qu'elle a accompli, et elle en éprouve une joie profonde. C'est le paradis. »

Elle m'expliqua qu'un des moyens que prenait l'âme défunte pour entrer en contact avec les êtres sur la terre était le rêve. Drôle de coïncidence, moi qui me souvenais rarement de mes rêves, j'avais rêvé à Sylvain lors des deux nuits précédentes. Je lui racontai aussitôt mon rêve de la veille : « Nous étions au sous-sol dans le bureau de Sylvain, nous parlions doucement et nous nous embrassions, puis soudain, nous avons entendu du bruit. Nous sommes montés à l'étage. Ce n'était plus chez nous et ce n'était pas Ève. C'était Émy qui était là et qui marchait. Au même moment, ma mère arriva et leva tous les rideaux puis elle partit avec Émy en me disant qu'elle s'occupait des enfants. La pièce s'illumina. La fenestration était superbe. Surprise, je m'aperçus que de la fenêtre, je voyais le lac Beauport. Au plafond se trouvaient des drapeaux de nombreux pays. C'était comme si l'on préparait une fête. »

Elle me fit part de ceci : « Dans la perception que j'ai de ce rêve, Sylvain s'occupe de vous. Ce que je vais vous dire va peut-être vous choquer, mais il fait son deuil et vous faites le vôtre. Vous êtes une très jolie jeune femme et Sylvain prend soin de vous. Sa vie terrestre s'est achevée, mais pas la vôtre. Sylvain est un homme efficace et quand survient un problème, il trouve une solution. »

C'était vrai. Avec lui, il n'y avait jamais de problème. Il n'y avait que des solutions.

Elle poursuivit : « Il possède une intelligence vive, très vive. De là-haut, il s'occupe que vous ne continuiez pas votre vie seule. Quand Émy va marcher, un autre homme prendra soin de vous. »

Je voulais bien y croire, mais ce n'était qu'une interprétation possible de mon rêve et, pour l'instant, je me sentais plus seule que jamais. Malgré mon scepticisme, je lui confiai tout de même mon second rêve, celui que j'avais beaucoup moins aimé : « Sylvain et moi savions qu'il allait mourir. Au lieu de partager ses derniers moments dans l'intimité avec moi, il partit faire la fête. À mon réveil, j'étais confuse, ce comportement ne lui ressemblait pas.

– Ce rêve est beaucoup plus troublant. L'interprétation la plus plausible que je puisse en faire, c'est qu'il a fait la fiesta en arrivant de l'autre côté tout en étant en colère. Il fut longtemps à ne pas en croire ses oreilles : "Pincez-moi quelqu'un", devait-il dire. Comme je vous l'ai mentionné, il a erré un bon moment avant de faire le passage. »

Elle continua à me partager ses croyances, sa vision de la vie et bien sûr sa perception de la vie après la mort. J'ai bien aimé son analogie : « Vous savez, Sonia, la vie, c'est comme la traversée d'un labyrinthe. Lorsque nous mourons, c'est comme si nous nous élevions au-dessus du labyrinthe pour y voir notre parcours. Nous y découvrons les murs sur lesquels nous nous sommes frappés, les détours que nous avons faits, les chemins qui nous ont fait progresser. Avec cette prise de conscience, il se crée sur le plan de l'âme de la personne décédée des ajustements et, par le fait même, il s'en crée aussi pour les proches du défunt, particulièrement pour ses enfants.

» Ce qui vous est arrivé, même si vous ne voulez sûrement pas l'entendre maintenant, est un immense privilège pour votre plan énergétique. C'est comme si l'on vous avait conviée à un enseignement de haut niveau. »

Elle me proposa de vérifier ce que je souhaitais si ardemment. Sylvain voulait-il ou, surtout, était-il disposé et autorisé à prendre contact avec nous ? Elle ferma les yeux pour se concentrer. Ces quelques instants de silence me parurent une éternité. Sur les joues de cette dame, je vis couler quelques larmes. Enfin, elle ouvrit les yeux et alluma son magnétoscope : « Je suis en contact avec son âme. Elle décide d'esquiver les salutations, car elles comporteraient, pour lui tout comme pour vous, trop d'émotions. »

J'avais dès lors les larmes aux yeux, et une immense boule dans la gorge.

Elle me livra tout simplement le message de Sylvain : « Le temps n'a plus la même signification pour moi, pas plus que pour toi d'ailleurs. Pour moi, tout vient d'arriver, tout est en train de se passer et le devenir est déjà là aussi. Je viens juste d'accepter l'idée, je viens juste de consentir que la suite de notre histoire se jouera de façon plutôt virtuelle, mais elle se jouera quand même, parce que nous avons eu le temps d'installer sur la terre des germes d'éternité.

» Depuis peu, je suis autorisé à "joindre" et je suis revenu à quelques reprises. Je viens la nuit. Ève le perçoit, même si je fais très attention de ne pas la déranger. Je reçois cependant des consignes claires à l'effet que je ne dois pas te troubler autrement dans ton humanité. Voilà pourquoi mes seuls contacts avec toi se font en rêve.

» Je lis tes lettres, je reçois ta vibration d'amour et j'y réponds comme je suis autorisé à y répondre, soit en laissant la vibration s'atténuer tout doucement jusqu'à ce qu'elle devienne, dans ta mémoire comme dans la mienne, un cristal pur qui embellira notre mémoire à jamais.

» Je vois que tu vis ta propre peine et ta propre révolte avec plus de noblesse que je l'ai fait et ce n'est pas pour atténuer la vibration. Je te perçois très forte et très noble dans la situation. Tu te comportes de façon admirable. Je mets sur ta route toute l'aide disponible pour que tu puisses continuer la traversée de ce désert sans seulement y laisser tes plumes, mais en grandissant et en embellissant toujours.

» Je veux que tu saches qu'une fois l'épreuve acceptée, je ne suis pas malheureux. J'accepte de plus en plus que ma vie se poursuive autrement qu'il y a quelques mois. Je n'interviendrai aucunement dans votre libre arbitre, mais toute l'énergie que je peux apporter, je l'apporte. J'investis mes énergies spirituelles en vous. Régulièrement, les filles et toi trouverez sur vos routes respectives des signes, des clins d'œil qui vous signaleront que je veille sur vous avec amour et bienveillance.

» L'énergie disponible pour communiquer est maintenant épuisée. Je repars et je reste. »

Andrée demeura silencieuse pendant quelques instants. Puis, elle reprit la parole : « Une âme, une énergie qui est autour de lui veut vous dire que lors de l'accident, Sylvain n'a pas souffert dans son corps physique, pas même une fraction de seconde. À l'impact, sa colonne cervicale s'est rompue.

» Sylvain a dû utiliser beaucoup d'énergie pour entrer en contact avec vous, Sonia. J'ai rarement senti autant d'émotions dans une communication de la sorte. La vibration était très élevée. Sachez qu'il vous aime vraiment beaucoup. »

Encore une fois, les larmes coulèrent sur mes joues. Je savais qu'il m'aimait beaucoup, et moi aussi, je l'aimais, mais j'aurais voulu qu'il soit à mes côtés. Pourquoi en étais-je là, dans ce bureau dépouillé, avec une inconnue, dans le but d'entendre parler de Sylvain ? Tout était arrivé si vite. Pourtant, Sylvain avait raison. Le temps semblait ne plus exister.

Andrée me dit également que l'âme d'Émy et celle de Sylvain avaient eu le temps de se parler d'égal à égal, d'âme à âme.

Comme si elle avait deviné mon interrogation, elle ajouta ceci : « Selon ce que je perçois, Sylvain est une vieille âme. »

Je lui posai la question qui me brûlait les lèvres : « Quand je mourrai, est-ce que Sylvain sera là ? »

Elle posa la question aux guides qui répondirent : « Bien sûr, il y sera. Sylvain a décidé de rester dans les plans subtils en guidance. »

Cette réponse concordante avec les propos de Linda me soulagea. C'était peut-être ridicule de penser ainsi, mais j'aurais eu du mal à croire qu'il puisse toujours m'entendre et me donner des signes, si l'on m'avait dit qu'il s'était réincarné. Je lui fis part de ma confusion concernant le fait qu'il semblait être une vieille âme, alors qu'il n'était pourtant pas très ouvert à parler de spiritualité.

« Dans ce que je perçois, Sylvain n'était pas un introspectif, il était un homme qui vivait ici et maintenant. Il était ambitieux, il avait des projets à mettre en place et à réaliser. Il vivait dans l'instant présent, mais cela n'enlève absolument rien à la dimension spirituelle de son âme. Son personnage incarné, ambitieux, baignait dans cette spiritualité et il ne se sentait pas obligé d'en parler. Il ne perdait pas de temps à entrer en contact avec toutes ces théories. Pourquoi aurait-il eu besoin d'en parler ? Si je l'avais eu en consultation, assis ici dans mon bureau, on aurait rigolé pendant une heure. »

Je n'en doutais pas un instant.

« Le deuil est tellement un beau processus, poursuit-elle. L'intensité de votre peine et la façon dont vous vous autorisez à la vivre me laissent croire que ça ne s'éternisera pas. En ce moment, vous êtes dans le "cuisant" de l'épreuve. Un jour, vous y penserez en souriant. »

Elle disait vrai. Seulement, à ce moment, je ne voyais pas cette fin heureuse, je ne faisais que l'espérer. Ma guérison commençait à germer. Je commençais à dégeler. Mon deuil était un long cheminement. En serait-il de même pour mes enfants ?

Impact sur les enfants

Je me demandais fréquemment comment Ève vivait l'absence de son père. J'avais du mal à évaluer son état.

Avant le décès, du haut de ses vingt mois, Ève était une petite fille facile pour des parents. Elle demandait peu et elle s'adaptait à tout. Son langage et ses réflexions la faisaient souvent paraître plus âgée.

Depuis l'accident, le jour, elle semblait bien. Elle acceptait facilement les allées et venues de tous ces gens qui nous aidaient à la maison. L'absence de routine ne semblait pas trop lui nuire durant les journées. Grand-maman prenait soin d'elle à la maison, une voisine l'amenait à la garderie, des amis la sortaient au resto, une tante allait la promener à l'extérieur. Elle semblait toujours contente.

J'aurais bien aimé que toutes les marques d'affection à son égard suffisent et compensent les changements qu'elle vivait, mais la situation exigeait tout de même beaucoup d'adaptation de sa part. Malgré ma bonne volonté, je ne pouvais l'épargner.

La nuit venue, elle était plus fragile. Avant le décès de son père, elle s'était quelquefois réveillée durant son sommeil en pleurant et en criant. Cauchemars ou terreurs nocturnes ? Je n'ai jamais bien su distinguer l'un de l'autre. Depuis le départ de son père, la fréquence de ses réveils ne cessait de croître. Je sentais ses peurs, ses angoisses et même son chagrin.

Je me souviens d'une nuit où je me levai et me rendis à sa chambre pour la rassurer, croyant qu'elle avait simplement fait un autre cauchemar. À ma grande surprise, elle n'avait pas l'air effrayée, mais elle sanglotait. Je m'aperçus qu'elle essayait de retenir ses larmes. Hésitante et visiblement troublée, elle finit par me dire : « J'aimerais que mon papa soit là. »

Raisonnable, résignée, elle semblait savoir qu'elle ne pouvait plus voir son père. En y repensant aujourd'hui, j'ai encore le cœur serré. Elle était si petite et en même temps elle avait parfois l'air si grande. Calmement, je lui expliquai qu'elle avait le droit d'avoir de la peine, que c'était tout à fait normal et que maman aussi était triste que papa ait eu un accident.

Je la berçai et je lui proposai de regarder des photos : « Papa rit, papa mange, papa boit du lait, papa est sur le cheval, papa danse avec Ève. »

Elle voulait en voir d'autres, encore et encore. Nous vidâmes toute la boîte. Les bons souvenirs semblèrent l'apaiser. Savoir vivre le moment présent est l'une des grandes richesses des enfants. Ève n'était pas encore consciente du « plus jamais », mais moi, je l'étais et j'avais peur de demain, j'avais peur de l'ennui. Mes émotions étaient mitigées. Une partie de moi souriait à la vue de ces bons moments, mais une autre était encore dans l'ombre.

Ève ne peut plus profiter de ta présence et Émy ne te connaîtra jamais. J'ai mal pour elles, j'ai mal pour toi, Sylvain.

Je me souviens d'un autre moment où une soirée, avant de s'endormir, Ève chantait la berceuse d'Annie Brocoli : « Je serai toujours là, tout près de toi tant que tu ne dormiras pas...

– Qui sera toujours là ? lui demandai-je.

– Papa, mais on ne peut pas le voir.

– Tu as raison, ma belle, papa, on ne peut pas le voir, mais crois-moi, si tu le veux, il sera toujours dans ton cœur. »

Un peu plus tard, en regardant ses doigts, elle me dit : « J'ai de beaux grands doigts comme mon papa. Nos doigts sont pareils. Je l'ai vu quand je dansais avec mon papa. »

Plusieurs croient que les enfants gardent peu de souvenirs de leurs premières années, ils croient qu'ils oublient. Même si elle n'avait que vingt mois au moment du décès de Sylvain, je savais qu'Ève se souviendrait de son père. Malgré son jeune âge, sa présence lui manquait.

Comment expliquer à Ève, et plus tard à Émy, ce qui était arrivé ? Encore pire, pourquoi ne pouvions-nous plus le voir avec nos yeux ? Je sentais que les questions viendraient rapidement. Toujours dire la vérité, y aller par étape et surtout tenter de garder les réponses simples, me rappelais-je.

En plus d'avoir moi-même réagi fortement lorsque toute petite j'avais mal interprété la mort, j'avais aussi entendu plusieurs autres histoires relatant diverses réflexions ou réactions de la part des enfants ; un petit à qui l'on raconte que son parent décédé est dans le ciel peut souhaiter prendre l'avion pour aller le retrouver ou celui qui sait que son papa est dans la terre peut vouloir déterrer le cercueil, car il peut croire que le défunt y est pris. Sachant que leur compréhension de la mort évolue dans le temps, je m'étais juré d'être attentive à leur interrogation et d'être prudente dans mes dires.

Pourtant, malgré toutes mes précautions pour leur donner les meilleures explications et pour bien répondre à leurs questions, je me fis souvent surprendre. Un jour, en jouant derrière son théâtre, Ève fit parler ses marionnettes : « Mon papa, il ne peut pas être dans mon cœur, parce qu'il est trop gros. »

Heureusement, je savais qu'il n'y avait rien d'irréparable... Il suffisait de communiquer !

Durant les premiers mois, devant Ève, c'était plus fort que moi, je freinais ma peine. Pour sa sécurité affective, je croyais préférable qu'elle ne me voie pas en crise. J'ai vite établi un mécanisme de contrôle de mes émotions qui s'activait rapidement en sa présence. C'était sûrement bien de lui éviter mes crises et mes moments d'extrême douleur. Par contre, en inhibant mes émotions, j'agissais en contradiction avec ce que je m'attendais de ma fille. En quelque sorte, je fermais un peu la porte à l'expression de ses propres sentiments. Nous sommes un modèle pour nos enfants. Ils savent bien nous imiter. Tout comme je le faisais avec elle, je crois qu'elle voulait aussi me protéger. Curieusement, nous étions un peu en symbiose. Même si je pleurais en silence, Ève le sentait. Ses humeurs, ses états d'âme semblaient suivre les miens.

Dans mes moments de solitude, lorsque je me permettais de pleurer beaucoup, dans mon corps, ma petite Émy se manifestait. En sentant ses mouvements, je me ressaisissais. Avant même d'être née, elle avait perdu son père. Mon intention était ferme : sa mère était et serait toujours là pour elle. Constamment, avec ma voix intérieure, je lui disais que mes pleurs n'avaient rien à voir avec elle et, plus que tout au monde, je la désirais.

Existe-t-il plus précieux cadeau pour un nouveau-né, après la santé, que l'amour de ses parents ? Ça m'apparaissait injuste. Tout comme il aimait Ève, Sylvain aurait aimé Émy. J'aurais voulu qu'il lui montre le chemin. À cette enfant, je voulais donner la lune, mais elle ne m'appartenait pas. Je pouvais seulement lui donner ce que j'avais.

L'idée qu'elles soient deux me consolait. Souvent, Ève venait caresser sa sœur dans mon ventre en lui disait : « Sors Émy, j'ai hâte de te voir. »

J'avais entendu dire que les enfants dans le ventre de leur maman ressentent les émotions et que leur personnalité peut en être influencée. Quelqu'un m'avait maladroitement raconté l'histoire d'une mère dépressive qui pleurait tout le temps. Cette dernière aurait, selon l'histoire, donné naissance à un enfant toujours triste. J'espérais que ce soit plutôt en lien avec la génétique. Son père et moi n'avions rien d'un tempérament dépressif. Mon état était seulement circonstanciel. Je priai simplement plus fort pour qu'elle ait la passion.

Il n'y avait pas que malheur et vide autour de moi. J'étais bien entourée. La femme médecin qui suivait ma grossesse fut formidable. On l'avait prévenue du décès de Sylvain. Dès mon arrivée à Québec, je pus la voir. Les tests, mesures et échos confirmèrent bien l'état avancé du travail de grossesse. Elle me mit au repos, tout en comprenant bien ma situation. Elle me donna tous les numéros de téléphone nécessaires afin de pouvoir la rejoindre en tout temps.

À deux reprises, je me rendis d'urgence à l'hôpital, car j'avais des contractions dont la fréquence augmentait. Malheureusement, c'étaient de vraies contractions, le travail se poursuivait. Les médecins croyaient que j'allais accoucher. Émy était encore beaucoup trop petite pour naître. Pourtant, elle poussait pour voir le jour. Emprisonnée dans un lit d'hôpital, curieusement, je n'avais pas si peur pour sa santé. Je priai Dieu pour qu'il la protège. Mes inquiétudes étaient beaucoup dirigées vers Ève, que je devais alors laisser avec mes parents. Son père était parti sans revenir. Sa mère allait-elle revenir ? Y avait-elle songé ? Mes propres peurs de petite fille ressurgissaient.

Je voulais qu'Émy se calme. Vite, je voulais rentrer à la maison. Très tôt, le lendemain matin, les deux fois, on me donna congé de l'hôpital en me demandant de rester au lit. Ce que je ne fis pas.

J'étais de plus en plus fatiguée. En plus des terreurs nocturnes d'Ève et de mes propres crises, l'insomnie accompagnait tous mes brefs moments de repos. Je refusais la médication, que je trouvais malsaine pour le fœtus.

La troisième fois que je me rendis à l'hôpital d'urgence à cause de contractions, on m'offrit de rompre mes eaux pour activer le travail. Je refusai et décidai de laisser Émy choisir le moment où elle verrait le jour. Ce même soir, j'ai beaucoup écrit en m'adressant à Sylvain.

J'ai hâte de la voir, mais tu ne peux savoir comment j'aimerais partager ce moment avec toi. Va-t-elle te ressembler ? Sera-t-elle forte comme toi ? [...]

17 mars 2003, la naissance d'Émy

Ce n'est finalement que le soir de la Saint-Patrick, une semaine avant la date prévue pour mon accouchement, que je retournai à l'hôpital, mais cette fois avec ma valise. Ayant pris soin de bien expliquer à Ève mon départ, je la confiai à ma mère. Mon père m'accompagna. Tout au long du trajet, je priai. J'étais épuisée. J'avais juste envie de dormir.

Mon père me demanda la permission d'assister à la naissance de ma fille. Je n'y voyais aucun inconvénient ni aucun réconfort. Lorsque je fus installée pour pousser, ce dernier plaça une photo de Sylvain dans le miroir. Je lui demandai de la retirer. J'avais déjà adressé toutes mes demandes à Sylvain et je savais qu'il m'accompagnait. Seulement sa photo me rappelait son absence physique et pour rien au monde, je ne voulais me laisser dominer par le manque.

Quelques poussées et voilà, Émy était maintenant dans notre monde. C'est dans l'amour que j'accueillis ce petit être tout calme. La sentir dans mes bras me procurait une belle énergie. Elle avait les traits de son père. Quel beau cadeau ! Pour cet enfant, j'allais donner le meilleur de moi-même et d'en haut, on veillerait sur elle.

Dès l'aube, mes deux sœurs vinrent m'assister pour être certaines que je ne manque de rien. Je reçus des fleurs, des cartes, des appels en grand nombre. Rarement une chambre d'hôpital avait dû être aussi décorée et visitée lors d'une même journée. Il fallut gérer la circulation. Les parents de Sylvain, ses frères, sœurs, neveux et nièces vinrent me visiter et souhaiter la bienvenue à Émy. Il y avait aussi nos amis et collègues de travail, puis les infirmières qui entraient et sortaient. C'était un vrai tourbillon.

Ma mère réussit finalement à amener Ève, qui avait peur des hôpitaux. Quels changements dans la vie de mon petit ange ! Deux parents à elle seule jusqu'à cet accident où papa ne revient plus et où maman est triste. Et voilà en plus que sa maman doit s'absenter pour donner vie à une petite sœur dont elle devra aussi prendre soin. J'appréhendais un peu sa réaction. Plus tard, je constatai qu'au-delà de toute attente, avec toute sa grandeur d'âme, ma sage petite Ève réservait une belle place à sa sœur.

J'avais pris soin de lui parler, de lui expliquer. Ensemble, nous avons choisi un cadeau pour le bébé et il y avait aussi un cadeau de félicitations puisqu'elle était maintenant grande sœur. Nous fîmes de la venue d'Émy une belle fête pour elle aussi.

Après les heures de visites, j'étais complètement épuisée. Je demandai à ma sœur de me laisser seule. J'avais besoin de me reposer.

« So, je ne peux pas partir. Sylvain ne voudrait pas que l'on te laisse seule. Fais comme si je n'y étais pas, mais si tu as besoin de moi, je suis à côté. »

Je souris à cette pensée, Sylvain était tellement protecteur... À ce moment, comme toujours depuis mon adolescence, j'avais oublié, ou plutôt radié de ma tête, ce que ma petite sœur prétendait : ressentir la présence d'entités et recevoir des messages de ces derniers. Lui avait-il demandé de rester ? Peu importe si c'était son intention à lui ou à elle. Je la remercie pour sa bienveillance.

J'avais tenu le coup toute la journée. Dans mes bras, Émy s'endormit rapidement. Je la contemplai longuement. Comme elle était belle... Malgré la fatigue extrême, pour moi, le sommeil tardait à venir. Et voilà que je commençais à étouffer.

Prétextant que j'avais besoin d'une bonne douche, je demandai à ma sœur de veiller Émy. Une fois sous l'eau, le bruit pouvant enterrer mes pleurs, je m'effondrai. Pourquoi n'était-il plus avec nous ? C'était injuste.

Moins de cinq minutes s'écoulèrent avant qu'une infirmière vienne frapper à ma porte. Ne pouvait-on pas me laisser tranquille ? Je comprenais leurs inquiétudes, mais j'avais besoin d'évacuer. Je devais me ressaisir. L'épreuve ne m'aurait pas. Je venais de franchir une autre étape. J'avais mis au monde ma petite fille et il me fallait maintenant tout concilier.

Chapitre 4

Que d'adaptations elle nous impose !

La réorganisation

Les premiers jours de vie d'Émy m'ont enivrée de bonheur. Je me sentais entourée d'une bulle solide qui me gardait loin de la colère. C'est comme si l'on avait mis mes émotions négatives au congélateur. Avec beaucoup de contrôle, je maintenais une température basse. Puis, quelques jours plus tard, effet post-partum aidant, le contrôle ne fonctionnait plus. J'avais l'impression de revenir en arrière. J'avais besoin de me défouler. Je voulais courir jusqu'à m'épuiser, crier à en perdre la voix. Je ne savais plus retenir mes larmes.

Comment y arriver? J'allaitais Émy aux trois heures et Ève me demandait beaucoup d'attention en même temps. Au souvenir de Sylvain qui m'avisait toujours de prendre le temps de m'asseoir pour allaiter Ève, j'étais fâchée. Il n'était plus là pour m'aider.

Heureusement, j'avais ma famille. À la suite de la naissance d'Émy, ma petite sœur qui habitait en Outaouais passa presque tout son temps avec moi. On l'avait mise en arrêt de travail. Après le décès de Sylvain, elle ne se sentait plus apte à pratiquer sa profession qui perdait de son sens: aider des gens qui avaient fait une tentative de suicide alors que Sylvain, qui aimait tant la vie, était décédé.

Marie-Claude fut fantastique. Elle avait le don de garder les choses simples. Avec elle, je savais à quoi m'attendre et je me sentais tout à fait à mon aise. Je pouvais monter pleurer dans ma chambre sans me justifier, ou partir seule avec mes puces sans l'offenser. Marie-Josée, mon autre sœur qui habitait en Estrie, venait aussi presque toutes les fins de semaine en renfort. En chicane depuis quelques années, ces deux dernières oublièrent rapidement leurs différends pour me venir en aide. J'appréciais infiniment leur présence, mais leur soutien ne pouvait être à perpétuité. Mes belles-sœurs et quelques amis prirent par moments la relève.

J'acceptais le temps et l'amour que tous m'accordaient, mais je ne voulais pas en abuser et j'avais surtout besoin de me retrouver et de me réapproprier mon espace. Je souhaitais retrouver mon autonomie. Pour moi, et surtout pour les enfants, je désirais une situation plus stable.

Sylvain, je ne sais pas si tu approuverais ma décision, mais j'ai décidé de chercher quelqu'un que je payerai pour nous aider à la maison. Je n'y arrive pas seule et j'en peux plus de toujours m'adapter.

Par l'intermédiaire d'une agence, on me présenta Lisette. Elle s'avéra très gentille avec les filles, mais plus ou moins efficace pour le reste. Après seulement deux jours d'essai, elle nous quitta sous prétexte que c'était trop difficile pour elle de voir Ève attristée par l'absence de son père. Tout pour m'encourager !

Plusieurs mois après, j'appris que cette dame avait toujours vécu dans le manque de son propre père, qui l'avait abandonnée, lorsqu'elle était en bas âge.

Cette première tentative m'avait découragée et les candidates potentielles se faisaient rares. Je lâchai prise et je m'accrochai au moment présent. Puis, comme un cadeau du ciel, une cousine que je n'avais pas revue depuis plusieurs années m'offrit de venir passer du temps avec nous. Sur un plateau d'argent, elle m'offrit son temps et toute la bonté du monde.

Un après-midi, je reçus un coup de fil inattendu. C'était une dame qui répondait à mon annonce. Je l'avais presque oubliée. Je la rencontrai. Elle disait adorer les enfants. Elle semblait active et très disponible, disposée à commencer dès le lendemain. Ma cousine, qui était avec nous depuis déjà plus de quatre semaines, pouvait repartir chez elle en paix. J'avais enfin trouvé quelqu'un pour nous aider.

Très rapidement, je sentis des frictions entre Ève et cette nouvelle venue. Elle voulait éduquer Ève en lui fixant des règles strictes auxquelles je n'adhérais pas. Je la trouvais impatiente et, rapidement, je n'osais plus laisser Ève seule en sa présence.

Après quelques jours, malgré une bonne discussion et une redéfinition de ses tâches, elle ne parvint pas à se contenter des travaux ménagers et de la cuisine. Elle avait toujours quelque chose à redire. Au lieu de m'aider, elle sapait mon énergie. Je la congédiai.

Aujourd'hui, je remercie le ciel d'avoir continué à élever mes enfants seule. Tout l'amour et toute la proximité que je vis avec elles font partie de mes plus grandes richesses. De plus, la plupart des tâches qui figuraient sur ma liste de choses à faire et qui me semblaient pourtant urgentes à réaliser à l'époque ont très bien su attendre.

Des fêtes sans lui

Tout plaisir n'est-il pas plus grand lorsqu'il est partagé ?

À la suite de ma rencontre avec Sylvain, Pâques devint ma fête préférée. Je me souviens encore de la première fois qu'il m'avait parlé du carême. Pour moi, c'était une histoire qui remontait au temps de nos grands-mères. Durant quelques années, alors que Sylvain étudiait pour obtenir son diplôme d'ingénieur, sa cousine luttait contre le cancer. Puis, en ce mois d'avril, lorsqu'il obtint son droit de pratique, elle rendit son dernier souffle. À ses côtés, dans son cercueil, il glissa secrètement son jonc d'ingénieur. Sylvain était un homme de parole. Il avait encouragé sa cousine tout au long de sa maladie et depuis, chaque année, il faisait carême en sa mémoire.

C'était maintenant lui qui était dans un cercueil...

Afin de conserver la tradition, pour célébrer Pâques, j'invitai à la maison des amis qui avaient eux aussi suivi les traces de Sylvain en faisant carême. Je servis une raclette et en l'honneur de mon amoureux, je débouchai un Clos du Bois 1996, l'année de notre rencontre. Ma joie et mon enthousiasme n'étaient pas comparables aux dernières années, mais lui rendre cette sorte d'hommage me fit du bien.

Je me dévouai aussi à ce que Pâques soit une belle fête pour Ève. Je l'amenai voir les animaux de la ferme et je lui organisai une chasse aux cocos. Un lapin en marionnette lui présenta les indices qui l'amenèrent à découvrir les chocolats tant convoités. J'étais heureuse de festoyer avec mes enfants. Ce n'est que la nuit venue, au creux de mon lit, que je ressentais la tristesse qui cohabitait. Plus mes joies étaient grandes, plus ma peine de ne pouvoir les partager avec mon amoureux l'était elle aussi.

En mai, pour le deuxième anniversaire d'Ève, j'avais invité à la maison beaucoup d'amis. Recevoir seule une trentaine de personnes était une autre étape. Heureusement, amis et parents se partagèrent les tâches, les discussions étaient animées et les enfants s'amusèrent bien. Mieux valait canaliser mon énergie dans cette direction. Ève était si heureuse de jouer dans sa nouvelle petite maison, celle que son père souhaitait lui offrir.

Le lendemain, c'était ma fête de trente ans et le jour suivant, la fête des Mères. Par hasard, je trouvai une carte que Sylvain m'avait offerte l'année précédente : « Tu es une merveilleuse maman (nous en avons discuté pupuce et moi). Merci pour tout ce que tu fais pour nous ! On t'aime fort et dès que pupuce saura le dire, je suis sûre que tu l'entendras souvent. Ève et papa xxx »

Après avoir souhaité bonne nuit à Ève ce soir-là, elle me dit : « Tu es la meilleure maman du monde. Je t'aime. »

Sylvain, à chacun des anniversaires, tu me comblais de présents. Chaque fois, je ne pouvais m'empêcher de te redire que le plus beau de tous les cadeaux était ta présence dans ma vie. M'entends-tu ? Es-tu là ? [...]

Pour écrire, je dus décrocher le téléphone, qui sonna des dizaines de fois. En plus de tous les bons mots, la famille de Sylvain m'avait fait livrer une douzaine de roses. Pour ma remise en forme, ma famille m'avait offert un abonnement annuel dans un club de tennis. Mes amis, Jean-Marc et Rachel, avaient même eu la délicatesse de m'offrir une belle chaîne en or avec un porte-bonheur pour remplacer la licorne de Sylvain qui n'avait pas été retrouvée dans les décombres.

Goûter les bienfaits du partage et de l'amitié m'aidait à ne pas trop m'isoler. Il faut dire que mes journées n'avaient rien d'un quotidien tranquille.

Les effets personnels retrouvés

Sur ma liste de choses à faire figurait, par exemple, le dédouanement des effets personnels de Sylvain retrouvés à travers les débris de l'avion, dont j'avais à ce jour seulement vu la liste. La boîte était bloquée aux frontières.

Lorsque le colis arriva à destination, c'est avec beaucoup de mal que je l'ouvris. Même à travers les paquets recouverts de plastique scellé, on sentait l'odeur de fumée. Comme sur la liste reçue précédemment, divers objets étaient numérotés de 1 à 30.

Des lambeaux de ta chemise à moitié brûlée, un morceau de ceinture de cuir coupée, des cartes d'identité où l'on ne peut ni lire ton nom ni reconnaître ta photo, un stylo écrasé qui a perdu toute son encre, ton cellulaire tout déformé par la chaleur, ta montre avec la vitre cassée et le bracelet brûlé, puis ces dollars en papier où l'on distingue à peine la valeur tant ils sont souillés et brûlés. C'est horrible. Sylvain, es-tu mort avant ces horreurs ? Es-tu mort rapidement ?

J'avais mal au cœur, une envie soudaine de vomir. Dans une petite boîte de velours noir, il y avait son alliance. Je ne voulais pas qu'elle me revienne, j'aurais voulu qu'il la garde au doigt éternellement.

Je me répétais que ce n'était que du matériel, mais c'était là la preuve tangible qu'il était bien dans cet avion. Je tentais de me résonner, mais ça me faisait souffrir. Je visualisais si facilement l'explosion, le feu... Des objets dans un tel état étaient destinés au cinéma, aux films d'horreur. Ces images d'objets brûlés m'ont longuement hantée.

Sylvain était très superstitieux. Dans son portefeuille, depuis son adolescence, il conservait un vieux billet de cinq et un autre de dix dollars croyant que ça lui portait chance. Je ne sais pas si l'emplacement dans son portefeuille pouvait expliquer ce hasard, mais tous les autres billets ont été partiellement ou totalement brûlés, à l'exception, de ces deux billets demeurés complètement intacts. Je les remettrai un jour à ses filles.

La succession

Un après-midi de juin, je reçus l'appel d'une femme anglophone qui semblait très au fait de l'accident. Elle était la mère de l'une des victimes de l'écrasement du vol 5481. En plus d'exiger une enquête approfondie et un plan de mesures correctives, sa famille souhaitait des excuses publiques. Assise dans mon salon, en train d'allaiter ma petite, j'écoutais ses propos. Plus elle me parlait, plus je me sentais loin et déconnectée.

À ce moment, j'avais besoin de toutes mes énergies pour me relever et demeurer présente à mes enfants. Aujourd'hui, je remercie sincèrement ces gens pour ce qu'ils ont accompli.

Sans même encore connaître leur niveau de responsabilité, ce sont les assureurs de la compagnie aérienne qui sont rapidement venus frapper à ma porte. Ils affirmaient qu'ils souhaitaient m'aider : « Vous n'avez pas besoin d'avocat, madame. Oubliez les complications et tous les honoraires inutiles. Nous sommes ouverts à discuter directement avec vous et à vous dédommager afin que vous puissiez rapidement tourner la page. »

Ma fragilité du moment ne leur permit pas de m'acheter. « Régler » avec eux faisait partie des choses qui pouvaient très bien attendre.

Au lieu de leur parler de finances, je leur ai exposé l'état physique et émotif dans lequel je me retrouvais. Ironiquement, je les ai remerciés d'avoir assumé les frais reliés aux obsèques. Puis, je les ai informés que je soumettrais une requête en temps voulu.

Dans les faits, j'étais déjà en pourparlers avec quelques bureaux d'avocats. Même si cela me semblait vide de sens à côté de ma perte, je voulais connaître les enjeux et je savais pertinemment que pour une paix d'esprit à long terme, il valait la peine de déployer des efforts pour tirer le maximum de la situation.

Qui pouvait bien me défendre ? Tout le monde connaissait quelqu'un qui connaissait quelqu'un qui était le meilleur. On me donna des références et j'établis un premier contact par téléphone avec quelques avocats de Québec. Je fis mon choix par instinct. J'étais, à ce moment, loin de me douter qu'une si belle et si longue collaboration allait s'ensuivre.

Comme Sylvain était décédé avant que la rencontre chez le notaire ait lieu, l'absence de testament laissait, du point de vue légal, mes filles héritières, à parts égales au même titre que moi. Afin de rapatrier tous les biens de Sylvain, je fis appel à une Société en fiducie pour m'assister dans les diverses démarches. Il fallait remettre les compteurs à zéro, payer les factures et les cartes de crédit. Il fallait finaliser les comptes de frais de Sylvain, répertorier ses placements et estimer la valeur de ses avoirs.

À part la confirmation du *trust* concernant l'existence d'un bon portefeuille de REER et un bilan positif, j'allais de mauvaises nouvelles en mauvaises nouvelles. Le contrat entre actionnaires stipulait que j'étais dans l'obligation de vendre les actions à la valeur comptable de ces dernières, mais ce n'est que six mois plus tard que la compagnie dégagea des profits. J'avais un peu d'amertume devant cette obligation de cessation sans rendement, mais ce n'était après tout que la résultante d'une convention signée par tous les actionnaires.

Puisque l'accident s'était produit lors d'un déplacement de travail, j'avais espoir d'être dédommagée par la Commission de la santé et de la sécurité du travail du Québec (CSST). Après de nombreuses démarches auprès d'elle, j'appris que les employés étaient couverts, mais pas les actionnaires.

Malgré de nombreuses recherches, le *trust* ne trouva aucune information concernant la police d'assurance dont Sylvain m'avait parlé. Ses associés de même que leurs avocats semblaient tout ignorer de cette police.

En plus de toutes ces démarches pour régler la succession, je devais me rendre à Washington où se tenait une séance d'information sur l'enquête en cours. Il était hors de question que j'y aille seule. Je ne voulais pas reprendre l'avion sans les enfants. J'avais demandé à ma mère de m'accompagner afin qu'elle puisse prendre soin d'elles durant les rencontres.

Quelques heures avant le départ, j'annulai tout. Connaître les causes ne changerait rien à ma perte et rien à mon quotidien. De plus, l'information officielle serait aussi disponible sur CD éventuellement. Pour le reste, mon avocat pouvait s'occuper de tout. Je ne souhaitais pas non plus revoir les autres familles des victimes à ce moment. J'en avais assez de mon propre deuil.

J'avais bien fait d'oublier Washington. Durant trois heures, la nuit suivante, Ève me parla et m'interrogea à propos de Sylvain. Il y avait tant de questions, mais aussi tant de compréhension, pour aussi peu de vécu : « Papa est mort. Je l'aimais, moi, mon papa.

– Moi aussi, je l'aimais. »

Si petite pour porter un si gros deuil, pensai-je. Voyant mes larmes, elle me proposa : « Maman, je vais te consoler. »

C'était une bien grosse tâche pour de si petites épaules.

Je tentai de la rassurer : « Maman a beaucoup d'amis, Ève. Si j'ai besoin d'aide, je peux les appeler. Tu es très gentille, mon amour. Je t'adore, mais ne t'inquiète pas pour moi. »

Je sentis qu'elle voulait aborder le sujet. Je me rappelai ce que l'on m'avait suggéré, soit de respecter son rythme en répondant le plus simplement possible à ses questions, au moment où elles étaient posées : « Papa, il est dans la boîte verte ?

– Cette boîte, ça s'appelle un cercueil.

– Papa fait dodo dedans ?

– Non, papa n'a plus besoin de sommeil. C'est comme s'il faisait dodo, mais il ne dort pas vraiment, car il est mort. Son cœur ne bat plus. »

Elle n'y comprenait sûrement rien.

« Après, papa va venir me voir ?

– Non, Ève, papa aimerait bien venir te voir, mais quand on est mort, on ne peut pas revenir, on ne peut plus bouger, on est mort pour toujours. »

– Papa est venu porter des bonbons pour Ève dans l'auto ?

– Non, papa les avait achetés pour toi, mais c'était avant son accident. »

Je lui avais simplement dit en les retrouvant que c'était son papa qui les avait achetés pour elle. J'avais oublié que les enfants n'ont pas la notion de temps : avant, après. Difficile était la tâche de lui expliquer la mort avec des notions qu'elle pouvait saisir.

Elle me dit : « Papa chante des chansons à Ève, papa est gentil. »

Dans ma tête, en silence, je redisais ses mots, mais au passé : « Papa chantait, papa était. » J'avais mal. Je ne voulais pas que ce ne soit plus jamais. Puis, elle me demanda : « Papa est fâché ? »

Comme il y en avait des questions dans cette petite tête. Croire que son père était fâché... Heureusement qu'à seulement deux ans, Ève savait très bien s'exprimer.

« Bien sûr que non, ma chérie. Papa est heureux maintenant. »

Au fond de moi, je le souhaitais. Peut-être était-il désormais heureux, mais il avait dû être lui aussi révolté. Je demandai à Ève si pour sa part elle était fâchée. Sur un ton résigné, elle me répondit : « Non, il est gentil mon papa. »

Puis, elle changea de sujet. Elle me parla de ses toutous et même de notre voyage en Espagne. Je la berçai, mais elle demeurait très agitée. Il était plus de quatre heures du matin lorsque soudain elle me donna son mouton préféré : « Il n'est plus gentil. »

Je n'y comprenais rien. Malgré toute mon attention, avais-je échappé des éléments ? J'aurais aimé pouvoir lire dans sa tête, dans son petit cœur...

Souvent, avant d'aller au lit, Ève me demandait les histoires de son papa quand il était petit. Je lui racontai de nouveau les quelques anecdotes que la mère de Sylvain m'avait racontées : « Ton papa jouait au chevalier avec tonton Denis. Ses sœurs devenaient ses servantes et sa chambre se transformait en château. Puis, souvent, il se cachait pour faire peur à Danielle lorsqu'elle passait près de lui, puis... »

Le soleil était sur le point de se lever lorsqu'elle finit par s'endormir.

Pour l'aider à mieux comprendre la mort, après de longues recherches, je mis finalement la main sur un livre pour enfants qui décrivait bien les rituels. Ce livre sembla l'apaiser. Elle me demanda de le lui relire souvent. Une fois, lorsque je lus comme tous les autres soirs ce même passage du livre qui fait référence à un accident d'automobile, Ève me regarda et me dit avec des yeux inquisiteurs : « Un accident d'auto ou un accident d'avion ? »

Elle avait sûrement entendu parler les grands. Je savais qu'à un moment ou l'autre, elle me poserait des questions. Je lui dis : « Ton papa à toi, ma belle Ève, il a eu un accident d'avion. »

Je m'empressai vite de poursuivre en lui disant : « Papa n'a pas été chanceux, car l'avion qu'il a pris était brisé. Ce ne sont pas tous les avions qui ont des accidents. »

Moi qui rêvais de voir le monde avec mes enfants, je ne voulais surtout pas qu'elle ait peur de l'avion.

Les enquêtes sur les causes de l'accident se poursuivaient. Je reçus du National Transportation Safety Board (NTSB) une copie de la bande sonore où l'on entendait la pilote dire : « Nous perdons le contrôle ! »

Puis, des cris venaient des passagers. Le vol n'avait duré que 39 secondes. On excluait le terrorisme. On croyait d'abord que le départ presque simultané d'un autre avion avait pu créer des courants défavorables. On supposait également une mauvaise répartition ou un surplus de poids, mais cette dernière hypothèse ne semblait pas à elle seule justifier l'accident.

Il n'y avait pas d'action collective. Je compris globalement qu'aux États-Unis, je pouvais faire une réclamation pour une perte financière et aussi pour des dommages émotifs subis par les filles et moi, le tout pouvant être nuancé par le niveau de responsabilité de la compagnie aérienne. Dans les faits, je ne pouvais pas me servir des rapports du NTSB pour prouver la faute, mais nous savions que chacun des nouveaux éléments qu'il publiait avait un grand impact sur l'offre que les assureurs pourraient nous soumettre. Le temps pouvait jouer tout autant en notre faveur qu'en notre défaveur.

Comment chiffrer la perte ? La perte économique s'établissait normalement par des calculs actuariels basés sur quelques informations consignées principalement dans les déclarations de revenus. Avec les problèmes juridiques subis au démarrage, pour la survie de sa compagnie, Sylvain avait continué à travailler pour un salaire qui ne reflétait pas du tout son expérience et surtout pas sa valeur. De plus, comme les parts d'actionnariat qu'il détenait ne valaient rien au moment de son décès, il fallait démontrer le potentiel de cette nouvelle entreprise dans un domaine qui, lui, était en déclin.

Concernant les dommages émotifs, aucune jurisprudence ne nous permettait d'évaluer mon cas. Au moment de l'accident, je n'avais pas encore trente ans et je me retrouvais seule pour accoucher et prendre soin d'un nouveau-né avec un autre enfant âgé de seulement vingt mois. De plus, à l'annonce de l'accident, j'avais eu des contractions et tous avaient eu peur pour cet enfant à venir.

Comme mon héros était décédé aux États-Unis, tout me paraissait plus compliqué à cause de l'éloignement. Plus le temps passait, plus je constatais que les lois et surtout les pratiques de négociation de nos voisins étaient très différentes des nôtres. Les incertitudes augmentaient sans cesse, tout comme les honoraires d'ailleurs.

Une bonne discussion avec le principal avocat responsable de mon dossier s'imposait. Je lui confiai finalement le mandat de me trouver les meilleurs représentants aux États-Unis. À travers tous les plus grands cabinets répertoriés avec expertise dans des causes similaires, quatre furent sélectionnés. Mon avocat se rendit à New York pour les rencontrer. L'évaluation du règlement par l'un des cabinets était presque dix fois celle d'un autre. Tout demeurait très imprécis. Les divers cabinets me proposaient tous des ententes à pourcentage où ils gardaient, selon moi, une trop grosse part pour un règlement qu'ils jugeaient pourtant tous assuré. J'avais déjà reçu des assureurs une première offre. Pour ce même montant, ils n'auraient rien, mais pour chaque tranche supérieure, le pourcentage augmenterait, ce qui m'assurait ainsi leur diligence jusqu'à la fin. Pour signer une telle entente, ils devaient croire en leur évaluation et aussi faire preuve d'un peu de flexibilité.

C'est lors d'échanges avec les cabinets américains que nous avons appris que les lois applicables variaient d'un État à l'autre. Certains États appliquaient leurs lois, alors que d'autres appliquaient la loi des résidents. Juste en honoraires, j'avais déjà dépensé plus de la moitié du règlement maximum possible au Canada. J'avais choisi d'assumer une partie du risque pour maximiser le rendement, mais voilà qu'une pression additionnelle planait. J'étais fatiguée de voir surgir ainsi de mauvaises surprises. Ma confiance était mise à l'épreuve.

Le dimanche suivant, je me rendis à la messe. Dans son sermon, le prêtre proclama : « Mes frères, débarrassez-vous du matériel et placez vos relations au cœur de vos préoccupations. Prenez toujours soin des gens qui vous entourent. »

Puis, il enchaîna sur l'importance de la famille et d'une belle communion entre le père et la mère. Ce sermon tombait vraiment très mal ; pour compenser l'absence du père, on m'offrait de l'argent. J'avais envie de tout foutre en l'air, mais je devais prendre des décisions.

Sylvain, je sais qu'il n'y a pas d'argent pour me guérir. J'aimerais que tu sois à mes côtés pour m'appuyer dans cette poursuite. Ne t'inquiète pas, je doserai mes efforts. Si jamais je faisais fausse route, peux-tu une fois de plus me faire signe, me ramener aux vraies valeurs ?

Je fis le choix d'un cabinet américain. Les principaux attitrés à mon dossier vinrent me rencontrer à la maison. Ils étaient tous deux pères de quatre enfants. L'un était le méchant qui plaiderait, l'autre était le gentil qui négocierait. Le gentil me faisait penser à Sylvain. Il avait beaucoup de charisme et il me parut très humain. Très rapidement, j'ai eu confiance en ce duo.

La mise en terre

Le sol était maintenant dégelé. Pour la mise en terre au cimetière de Lac-Beauport, j'avais convié nos familles respectives et quelques amis très proches à se joindre à nous. Le matin, avant de me rendre au cimetière, vêtue de noir, j'adressai cette lettre à Sylvain :

Je suis un livre ouvert. Tu en as la clé.
Pour toi, il ne sera jamais fermé.
Tu pourras toujours t'y réfugier.
Sache que jamais je ne t'y enfermerai.
Va en paix, mon amour.
Je t'aime pour l'éternité.

Sonia xxx

Ève lui fit un dessin. Elle me demanda d'y écrire « je t'aime, papa ». Elle voulut apporter une de ses doudous pour consoler son père. Je lui expliquai que nous en avions déjà déposé une dans son cercueil, ce qui sembla la soulager.

Ainsi, en cet après-midi gris, ce même prêtre qui avait célébré les funérailles nous demandait de prier tous ensemble de nouveau pour l'âme de Sylvain. En me recueillant, je fus heureuse de constater que l'on entendait au loin le son d'une chute.

Après son sermon, le prêtre me laissa la parole :

« Chers parents, chers amis,

J'aimerais tout d'abord m'adresser à vous. Vous savez que la douleur, la peine, la perte que j'éprouve à la suite du départ de Sylvain sont inestimables. Pour moi, il était tout. Cependant, il m'a laissé beaucoup. Il m'a légué ses valeurs et il m'a laissée entourée de vous tous. Il m'a aussi donné la plus belle preuve d'amour : nos deux filles. Quand je fais le bilan, c'est positif et c'est à cela que j'essaie de m'accrocher chaque jour. [...]

Sylvain,

Mon bel amour, je te remercie encore une fois pour tout ce que tu as été pour moi. Tu te souviens, je te disais souvent à quel point je me trouvais gâtée et tu me répondais toujours : " So, tu n'es pas gâtée, tu es aimée ", et c'est vrai. Moi aussi, je t'aime et je t'aimerai toujours. Ce fut un beau cadeau de faire ce bout de chemin avec toi.

Va en paix, mon amour. Tu seras toujours dans mon cœur. »

Je déposai sur le cercueil la lettre écrite de ma main de même que le dessin d'Ève. Puis, je déposai des roses rouges et Ève, des marguerites. J'embrassai mes puces puis nous jetâmes une poignée de terre. Ensuite, tour à tour, chacun y déposa sa rose blanche.

Après la célébration, j'avais besoin d'un moment de solitude et de silence pour me recueillir. Je donnai les clés à mes parents afin qu'ils accueillent les invités à la maison et je leur demandai d'emmener aussi les filles.

Seule, une fois de plus, j'éclatai en sanglots.

Les journées qui suivirent furent difficiles. J'étais triste et négative.

J'en ai trop sur les épaules, c'est trop lourd. C'est comme si ma volonté, mes croyances et mon intuition m'avaient quittée. Cependant, l'insomnie, cette compagne malgré moi, ne me quitte pas.

Un jour, en revenant de chez le photographe, je constatai que j'avais mal attaché Émy dans son siège d'auto. Pour sa part, Ève était toute mouillée. J'avais oublié de lui mettre une couche.

J'avais vraiment besoin de repos. Je me résignai donc à accepter encore une fois l'aide de la famille. Quelques jours passèrent et, heureusement, je ne refis pas d'oublis aussi inquiétants.

Par un bel après-midi, je me rendis marcher dans les jolis sentiers du boisé près de la chapelle. Sur le bord du ruisseau, je m'assis pour sentir le vent et le soleil. Je pris plaisir à écouter le bruit de la cascade. J'avais besoin de faire le vide, de me ressourcer. En terminant ma marche, au-dessus de l'endroit où est enterré Sylvain, une femme et son mari jardinaient la terre. Il semait des graines et elle arrosait le sol avec l'eau qu'elle allait chercher dans le lac.

Jardiner ton endroit de repos, redonner vie à la nature par-dessus toi, même trois douzaines de roses n'auraient su me combler plus que leur geste.

En m'approchant pour remercier ces gens, je fondis en larmes. Ils me prirent dans leurs bras. Sans mot, je sentais leur solidarité et toute leur compassion.

Ce n'était pas facile d'apprivoiser ma nouvelle réalité. En revenant d'un souper avec deux bons amis, je repris l'écriture en m'adressant à Sylvain.

Je ne sais pas si tu fais toujours la « rumba » de l'autre côté, mais pour moi, c'est hors de question. Pour la première fois depuis la naissance d'Émy, je me suis permis une petite soirée au resto avec des amis. Émy n'a fait que pleurer. Je la croyais même malade, mais de retour à la maison, elle était calme comme un ange. Je ne voulais même pas faire la fête, juste sortir de la maison et apprécier un bon repas avec des gens que j'aime.

Petit à petit, je m'efforçais tout de même de réintégrer une vie un peu plus normale. De temps à autre, à l'heure du repos d'Émy, je laissais Ève chez sa gardienne, j'enfilais mes patins à roues alignées, je couchais Émy dans sa poussette et j'allais me dépenser un peu. Je me remis à jouer au tennis. Parfois, j'amenais Ève en kayak sur le lac. Un esprit sain dans un corps sain, j'y avais toujours cru.

Lorsque j'avais du soutien à la maison, j'en profitais pour aller courir. Instinctivement, je me dirigeais souvent vers le cimetière.

C'est ainsi qu'un bel avant-midi, je me sentis inspirée. Sur la pierre tombale de Sylvain, je voulais que nos filles et moi soyons dessinées dans un champ de fleurs. Trois personnes au visage peu défini, vêtues de longues robes avec, dans les mains, de petits paniers remplis de fleurs. En arrière-plan, j'imaginais de l'eau et un voilier. Sylvain était parti pour un long voyage. Au loin, j'y voyais aussi le soleil et les montagnes.

Le soir, je téléphonai à la sœur de Sylvain pour lui exprimer ma vision. Sur un bout de papier, elle se mit à dessiner. L'esquisse que je reçus était parfaite. Je demandai au sculpteur de reproduire l'esquisse et d'ajouter sur chaque personnage un cœur bien visible pour rappeler l'amour qui demeure toujours.

Sylvain était maintenant sur une autre rive et je ne savais pas à quel moment je pourrais le rejoindre. Les propos de Sylvain rapportés par la messagère étaient vrais : « Le temps n'a plus la même signification pour moi, pas plus que pour toi d'ailleurs. »

Il était long, il était court le temps. Aussi souvent que je le pouvais, j'écrivais dans mon journal.

Presque six mois que tu n'es plus là et j'ai l'impression qu'hier tu me disais encore « je t'aime ». Es-tu toujours là ? M'entends-tu ?

Le Petit Prince

Enfin en vacances pour l'été, ma sœur Marie-Josée était venue passer quelques jours à la maison. Réunis autour d'un bon repas, mes parents parlaient de la comédie musicale qu'ils iraient voir le lendemain, soit *Le Petit Prince*. Je leur mentionnai que c'était le dernier livre lu par Sylvain et que j'avais l'intention de le relire. Immédiatement, ma sœur s'empressa de me suggérer : « So, pourquoi n'irais-tu pas voir la comédie avec papa et maman ? Je serai encore ici demain et ça me ferait plaisir de garder les enfants et de me reposer un peu. »

Même si je n'étais pas chaude à la perspective de laisser les enfants, l'idée d'assister à la comédie me plaisait. Ma mère avait entendu dire que la représentation était à guichets fermés, mais elle insista afin que je vérifie.

On me répondit ceci : « Une place pour demain ? Je crois que c'est complet, laissez-moi voir un instant... Vous êtes vraiment chanceuse, il me reste une seule place. »

Au guichet, ce 8 juillet 2003, exactement six mois, jour pour jour, après le décès de Sylvain, je récupérai mon billet. J'étais dans la même rangée que mes parents, siège 8, immédiatement à côté d'eux. Je regardai le rideau se lever. « Moteur esquinté, avion enlisé [...]. »

Je frissonnai. J'avais lu *Le Petit Prince*[4] dix ans plus tôt. Je n'en avais conservé qu'un vague souvenir.

Dans le désert, l'aviateur rencontra le Petit Prince. Chaque jour, l'aviateur apprit de nouvelles choses sur sa planète, sur son départ, sur son voyage. Puis, le Petit Prince demanda à l'aviateur : « S'il te plaît, dessine-moi un mouton. »

Jeune, Sylvain adorait dessiner. Il m'avait raconté qu'il se levait souvent la nuit pour griffonner sur des bouts de papier. Juste avant sa mort, il avait dessiné avec Ève quelques animaux de la ferme, dont un mouton.

Un peu plus tard, le Petit Prince affirma : « Les adultes veulent toujours des explications. »

Je me souvins alors des milliers de fois où Sylvain répondait à mes questions ainsi : « C'est comme ça, car c'est comme ça. » Il

4. Antoine de Saint-Exupéry, *Le Petit Prince*, Gallimard, 1999.

m'invitait à laisser passer le courant au lieu de toujours chercher à comprendre. Qu'avais-je fait de mon lâcher-prise ?

Ensuite, le Petit Prince parla d'une rose dont il était amoureux.

Je songeai immédiatement au parfum de la rose que Sylvain m'avait offerte lors de notre première rencontre. Je me souvenais très bien de toute l'attention que je lui avais portée et des effluves qui s'en dégageaient. Comment une simple fleur avait-elle pu tant m'émouvoir ?

Et le Petit Prince ajouta : « Elle, toute seule, ma rose, compte bien plus que tout, puisque c'est elle que j'ai arrosée, puisque c'est elle que j'ai protégée, puisque c'est elle que j'aime écouter, puisque c'est ma rose. »

Puis, un matin, je me suis aperçue que ma rose était fanée. J'avais dû la jeter.

« On veut croire à des choses éternelles pour oublier toutes ces choses précaires, car nous sommes éphémères, menacés par une fin prochaine », poursuivit l'aviateur.

Sylvain avait vécu la fin d'un cycle, mais moi, j'y étais toujours. Comment continuer ? La suite de la chanson me donna une bien bonne réponse : « Avoir la sagesse nécessaire de prendre un peu tout à la légère et savoir se détacher de la Terre. »

Les larmes coulaient doucement sur mes joues. J'aimais croire à l'éternité. Mais, comme pour le Petit Prince et le renard, la séparation dans ce monde m'attristait.

Le Petit Prince dit alors au renard : « Il faut que je parte.

– Ah ! je pleurerai.

– C'est ta faute. Je ne te souhaitais pas de mal, mais tu as voulu que je t'apprivoise.

– Bien sûr…

– Mais tu vas pleurer ?

– Bien sûr.

– Alors tu n'y gagnes rien.

– J'y gagne, à cause de la couleur du blé. »

Ma rose, je l'avais cultivée. Elle était tout à fait unique. Je connaissais son parfum et j'en conservais de beaux souvenirs. Ces douces paroles me légitimaient dans mon droit de pleurer. Mon histoire n'était pas triste, elle était embellie de mémoires heureuses.

Le renard ajouta : « Voici mon secret. Il est très simple : on ne voit bien qu'avec le cœur. L'essentiel est invisible pour les yeux. [...] Les hommes ont oublié cette vérité. Mais tu ne dois pas l'oublier. »

La comédie se poursuivit, et au huitième jour dans le désert, il n'y avait plus d'eau.

Décidément, je ne comprenais rien à la numérologie, mais si l'on m'avait demandé de choisir un chiffre, sans hésiter, cette journée-là, j'aurais choisi le 8.

Le Petit Prince dit : « Les étoiles sont belles à cause d'une fleur que l'on ne voit pas. » Quel bel enseignement ! J'avais moins peur de l'autre monde et j'aimais l'imaginer beau, car ma fleur s'y trouvait.

Vers la fin du spectacle, sur une belle mélodie, le Petit Prince et l'aviateur chantèrent : « Et même si je sors du décor, et même si j'ai l'air d'être mort, tu sais, ce ne sera pas vrai puisqu'on a tous l'éternité. »

Mon amoureux avait quitté subitement son corps. J'avais eu peur qu'il ait souffert, mais il n'avait probablement pas eu mal. Je le croyais mort, mais il était encore là. Cette vision d'une vieille écorce brisée, brûlée, m'horrifiait tout de même.

Puis, le Petit Prince ajouta : « Ce n'est pas triste, les vieilles écorces. Ce sera gentil, tu sais. »

C'était une invitation à m'élever, à voir avec les yeux du cœur.

Six ans après le départ du Petit Prince, l'aviateur reprit ses crayons et dit : « Si j'essaie de le décrire ici, c'est afin de ne pas l'oublier. C'est triste d'oublier un ami. Ça dure si peu de temps. Ça prend toute une vie... »

Est-ce que je vous écris par peur d'oublier Sylvain ? Je sais que ça me prendra plus d'une vie. Je veux simplement vous partager cette lumière, ces messages d'espoir et d'éternité.

Était-ce un signe, un clin d'œil, un appel ? Peu importe, puisqu'à la fin de la représentation, malgré mes yeux rougis, mon cœur était plus léger.

De retour à la maison, avant d'aller dormir, comme chaque soir, j'allai embrasser mes deux petits trésors. Ève dormait en serrant son mouton en laine et un toutou en serpent que mon meilleur ami Jean-Marc lui avait récemment donné. Émy avait l'air d'un ange. Elles avaient l'air bien. Elles grandissaient si vite... Je me réjouissais à l'idée de passer prochainement du bon temps avec elles sur le bord de la mer.

Des vacances aux Îles-de-la-Madeleine

J'en avais assez de la poursuite judiciaire. J'avais décidé d'aller me reposer sur la terre de mes aïeux. Mes nouveaux avocats n'avaient qu'à dire aux assureurs : « Notre cliente est en vacances. »

Je savais que changer d'air et prendre un peu de recul me ferait du bien, mais j'appréhendais l'avion.

Sylvain, tu ne voulais pas que je vole seule, enceinte, avec Ève. Cette fois, c'est moi qui ai peur. Je n'ai pas peur d'être seule pour m'occuper des filles, je n'ai pas peur que l'avion s'écrase, j'ai peur d'imaginer de nouveau ce que tu as pu vivre.

Cinq, quatre, trois, deux, un. Je fis le décompte à la suite du décollage. Chaque seconde me parut une éternité. Heureusement, mes filles savaient me ramener vite à la réalité et au présent.

À notre arrivée aux Îles, mes tantes, oncles, cousins et cousines nous accueillirent chaleureusement. Ils étaient tous contents de revoir Ève et de rencontrer enfin la belle petite Émy. Jouer sur la plage, manger du hareng fumé, du homard et des coques, regarder les couchers de soleil, vivre simplement au gré du vent semblait beaucoup plaire à Ève. Tous les après-midi, du haut des collines, je regardais les vagues qui se brisaient sur les caps et je sentais toutes ces fleurs multicolores qui dégageaient un doux parfum. Alors que je laissais le vent frais et le bruit de la mer endormir mes deux trésors, je respirais et savourais simplement l'instant présent.

À notre retour à Québec, mes parents nous attendaient à l'aéroport. En courant, Ève alla se jeter dans leurs bras. Ce fut un dur retour à la réalité. C'est dans les bras de son père que j'aurais aimé la voir se jeter.

En plus de reprendre la routine, je devais aussi fournir beaucoup d'informations aux avocats. Ils me demandaient d'écrire dans les détails mes derniers moments avec Sylvain, l'annonce et tout le déroulement à la suite de l'accident, sans oublier d'y préciser toutes les émotions vécues. Je n'avais pas le goût de prendre la plume et surtout pas très envie de me souvenir. Cet exercice me gardait prisonnière du passé, mais, de toute façon, tout me ramenait toujours à lui.

Le baptême d'Émy

Quelques jours avant le baptême, on m'avisa que la pierre tombale était prête. Elle fut installée le 21 août 2003, le jour où Sylvain aurait fêté ses quarante ans.

Mon amour,

Je t'ai aimé, je t'aime et je t'aimerai toujours.

Ton passage fut court… Même pas quarante ans.

Mon « bonne fête » se transforme en « bonne éternité ».

On a rendez-vous, d'accord ?

J'allai acheter des fleurs. Ève choisit des marguerites. Au cimetière, elle identifia immédiatement le dessin gravé sur la pierre : « C'est maman, c'est Ève et c'est Émy quand elle est grande. C'est beau ! »

Le résultat me plaisait aussi. J'aurais aimé sourire, mais au fond de moi, je pleurais. Sèche tes pleurs, pensais-je. Tu as deux beaux rayons de soleil à tes côtés et un ange qui veille sur toi.

Le lendemain, c'étaient les derniers préparatifs pour le baptême. Malgré ma peine et ma colère, je gardais la foi. Je voulais que mon ange fasse partie de la grande famille de Dieu, je voulais qu'elle soit bénie.

Le matin du grand jour, en admirant mon petit trésor qui dormait encore à mes côtés, à voix basse, je lui dis : « Chère Émy, j'aurais tant aimé que ton papa soit avec nous pour ton baptême, pour tes premiers pas, pour chacun de tes sourires. Aujourd'hui, parents et amis viendront pour toi. Ils seront heureux que Dieu t'accueille dans sa grande famille, mais en même temps, plusieurs seront tristes, car ton papa n'est plus. Sache que tu n'y es pour rien, mon trésor. Tu es un rayon de soleil qui vient réchauffer nos cœurs. Merci d'être là, ma belle puce. »

Un peu comme à sa naissance, je pris congé du deuil. Voir la famille et les amis me fit chaud au cœur. J'en oubliai même le malaise des autres. Lorsque le prêtre demanda aux pères des baptisés de faire à leur tour un signe de croix sur la tête de leur enfant, je me levai et j'en refis un.

À la sortie, tous allaient voir la pierre tombale de Sylvain. On prit même des photos d'Ève et d'Émy devant ce monument, pour monsieur Dubois, absent en raison de sa maladie qui progressait.

Ce n'est que la nuit venue qu'il me prit l'envie de maudire Dieu.

L'ordre chronologique n'a pas été respecté. Enterrer un père avant même qu'il puisse faire baptiser son enfant. Pourquoi un tel non-sens ?

Malgré le deuil et ma révolte, j'avais encore un peu de reconnaissance. Au lieu de pleurer et de m'isoler, je choisis de m'ouvrir davantage aux autres.

Sylvain, pour beaucoup de gens, tu étais un confident, un motivateur, quelqu'un qui aidait son prochain à se sentir important. Ton exemple m'inspire : de simples paroles, de simples gestes, un sourire...

Je me fixai comme objectif de faire, au moins chaque jour, un geste gentil envers quelqu'un. Ce furent souvent de simples gestes comme celui de téléphoner à la mère de Sylvain pour lui donner des nouvelles de ses petits-enfants.

Une visite inattendue

Au moment des obsèques, l'employeur de mon père m'avait remis un forfait pour deux nuits avec repas dans un de ses établissements. J'avais tant envie de revoir le bleu du fleuve et de me promener en bateau ! En ce début de septembre, je me rendis donc à Tadoussac. Ma sœur Marie-Josée accepta de nous accompagner.

Épuisée par la longue journée de plein air, dans notre jolie chambre, le soir, après avoir endormi Émy dans son parc, je m'allongeai à côté d'Ève. Dans mon dos, je sentis une chaleur intense, comme si l'on m'avait appliqué un analgésique. J'avais sûrement promené Ève sur mes épaules trop longtemps cette même journée.

Malgré les agitations de mes deux puces, je trouvai rapidement le sommeil, mais dans la nuit, je me réveillai. J'eus une étrange vision : il me semblait que quelqu'un se trouvait là, près de la porte d'entrée. Je regardai vers ma sœur. Elle dormait dans le lit voisin. Peut-être étais-je en train de rêver ? De nouveau endormie, je me réveillai une fois de plus en sursaut. On aurait dit que quelqu'un, au-dessus de moi, venait de me réveiller. En regardant vers le parc, je vis au-dessus d'Émy, comme une auréole, une lumière diffuse et vaporeuse, blanche, teintée de bleu.

J'eus peur, pas de la lumière, mais plutôt de devenir folle. Je me dis qu'à force de vouloir des signes, mon imagination me jouait de bien drôles de tours. J'avais peut-être simplement trop écouté les histoires de fantômes de ma jeune sœur, durant mon adolescence.

Immédiatement à son réveil, ma sœur Marie-Josée me dit : « So, ça va te paraître étrange, mais cette nuit, j'ai vu quelque chose près de la porte. C'était flou, c'était comme une sorte de lumière. C'était assez grand, plus grand que moi. Puis, cette lumière s'est déplacée au-dessus du parc. Crois-tu que ça pourrait être Sylvain ? »

J'étais sidérée. Nous avions toutes deux vu la même chose. Sylvain avait-il choisi ce moment pour que nous soyons deux à le voir ? Voulait-il s'assurer d'une présence à mes côtés si j'avais peur ?

Marie-Josée et moi n'avions dès lors plus le choix de croire à ce que nous racontait notre petite sœur. Durant notre adolescence, à la suite du décès tragique d'une de mes cousines, Marie-Claude prétendait qu'elle sentait souvent une présence lorsqu'elle descendait l'escalier. Elle était convaincue que c'était l'âme de notre cousine Mélanie qui revenait la visiter. Ces histoires de fantômes, comme je les appelais à l'époque, ont duré assez longtemps pour que ma mère décide d'aller consulter à ce sujet. Je me souviens de nombreux soupers où toute la famille parlait de la vie après la mort. C'est avec l'arrivée de Sylvain dans sa vie que ces propos ont enfin cessé, du moins en sa présence, car Sylvain refusait d'entendre parler de la mort sous son toit. J'étais soulagée de pouvoir oublier le contenu de toutes ces discussions qui semblaient ne mener à rien.

Dans mon journal, le lendemain de cette visite, j'écrivis ce qui suit.

Sylvain, si c'est toi qui es venu nous voir, tu me surprends. Toi qui détestais ces histoires de fantômes. Remarque que je t'ai demandé des signes et que même après cette surprenante coïncidence de visions communes entre ma sœur et moi, je m'interroge encore... Tu dois vraiment être découragé.

Dans les séances de reiki, les yeux fermés, Sylvain m'était souvent apparu. C'était un peu comme des visions. Pourtant, cette nuit-là, les deux yeux bien ouverts, je m'étais sentie tout à fait éveillée. Cette visite inattendue ne m'aidait pas beaucoup à regarder en avant.

La peur de trahir

Après le décès de Sylvain, tour à tour, mes anciens amoureux ainsi que de vieux amis me souhaitaient leurs condoléances. Pour certains, c'était un peu une formalité, alors que d'autres semblaient vraiment affectés.

Lorsque la femme de l'un d'eux me confia l'ampleur de l'inquiétude de son conjoint à mon égard après l'accident, je fus un peu surprise. Pourtant, au fond de moi, je savais que malgré l'éloignement et le temps, l'attachement demeurait. C'est la beauté des relations vraies et authentiques.

Bien que j'aie toujours eu beaucoup d'amis du sexe opposé, mon nouveau statut de célibataire me rendait moins à l'aise par rapport à certaines relations qui se renouaient. Je crois que c'était la peur de créer des attentes qui m'effrayait.

En relisant ce que j'ai écrit dans mon journal après avoir reçu un gentil courriel d'un ami de longue date, je sais maintenant que ce que je redoutais le plus, c'était d'en venir à apprécier la présence d'un autre homme. Même si Sylvain n'était plus, dans mon cœur, j'aurais eu l'impression de le tromper. Les quelques rares sorties avec ce bon ami m'amenèrent à me questionner sur mon avenir, pas seulement en tant que mère, mais en tant que femme.

Un jour, lors d'un souper, ce dernier me confia : « Sonia, j'étais si triste pour toi lorsque j'ai appris la nouvelle. Maintenant que tu me racontes à quel point vous étiez amoureux, je t'envie. Tu as eu la chance de vivre ce que tout le monde rêve de vivre un jour, et que peu de gens trouvent. »

J'étais reconnaissante d'avoir connu le grand amour. Consciente de sa rareté dans le monde d'aujourd'hui, je gardai tout de même au fond de moi l'espoir d'une deuxième chance, mais le moment n'était pas encore venu.

L'absence du père et du fils...

Au mois d'octobre, monsieur Dubois rendit l'âme. La nouvelle n'était pas subite, car nous avions eu le diagnostic avant le décès de Sylvain. J'étais triste, mais j'avais l'impression de verser seulement une larme de plus, dans un océan. Encore une perte pour les filles. J'étais anxieuse quant aux réactions d'Ève. La journée où je lui annonçai, elle demeura sans réaction, mais la nuit qui suivit fut terrible.

Je pris soin de lui expliquer une fois de plus tous les rituels. À cause de la maladie qui avait fait des ravages, dans son cercueil, monsieur Dubois était à peine reconnaissable. D'un commun accord avec la famille de Sylvain, j'avais décidé de ne pas l'amener au salon. Je lui proposai toutefois de venir au service. C'est d'un air déterminé qu'elle me répondit : « Moi, je ne veux pas aller à l'église.

– Pourquoi ne veux-tu pas venir ?

– Maman, à l'église, il y a des gens qui vont faire des prières et d'autres qui vont pleurer. Ce n'est pas amusant à l'église. Moi, je veux jouer. »

J'étais d'accord. Elle en avait assez vécu. De bons amis en prirent soin durant le service religieux et, par la suite, ils nous ont rejoints à la réception.

Le lendemain des funérailles, les deux avocats américains étaient de nouveau à Québec pour deux jours. Il fallait compléter la sélection des photos, des vidéos, des objets puis tout redire avec plus de détails. Deux jours, c'était court, mais c'était aussi long, vu le bagage émotif des échanges.

Cette poursuite m'aidait à mieux comprendre le stress qu'avait pu vivre Sylvain lorsqu'il était lui-même poursuivi par son ancien employeur. Pour ajouter à la pression et à la fatigue, les deux filles étaient malades. Elles avaient chacune une otite. Émy réclamait sans cesse mes bras et Ève était aussi très maussade. J'en avais assez d'entendre toujours « maman ».

J'eus rapidement besoin de vacances à nouveau. J'avais envie de voyager, de voir le monde. Sans Sylvain, seule avec les deux puces, c'était un peu plus compliqué. En plus, j'avais désormais un peu peur de l'avion. Pour allier ma nouvelle réalité à ma passion pour les voyages, j'optai pour un voyage tout compris de deux semaines à Cuba, où j'invitai mes parents.

Sortir du quotidien me faisait du bien. Après de longues courses sur la plage, où je me permettais parfois de pleurer et même de crier, je me sentais mieux. Je pouvais retrouver mes enfants et être plus présente pour elles. C'est fou ce que la mer peut m'apporter.

Dès notre arrivée, Ève fit la connaissance de deux charmantes petites filles. Tout au long de la semaine, elle sembla bien apprécier leur présence et particulièrement celle des pères qui jouaient avec elles. Peu de temps avant notre départ, en leur racontant mon histoire, ma mère apprit qu'ils étaient tous deux pilotes d'avion.

J'aurais aimé demeurer sur le bord de la mer pour la période des fêtes qui approchait à grands pas, mais connaissant l'importance pour la famille de Sylvain de nous compter parmi elle, j'étais revenue.

En fin de journée, le 24 décembre, pendant que les filles dormaient derrière, au volant de ma voiture, je pleurais. Je me rappelais l'année précédente. Sylvain était alors inquiet de son père. Il n'acceptait pas de s'en séparer. Qui aurait cru qu'il partirait avant lui ?

Arrivée chez les Dubois, je laissai la magie de Noël faire son œuvre. Voir les yeux pétillants de mes enfants devant le sapin et la montagne de cadeaux me fit un bien immense, mais dès que vint l'heure de les coucher, le cafard me reprit et je décidai de revenir à Lac-Beauport. Déjà, j'appréhendais les cérémonies commémoratives auxquelles j'avais accepté de participer à Charlotte pour le premier anniversaire de décès qui approchait.

Je n'étais pas triste de voir l'année 2003 se terminer. Pour bien commencer celle qui arrivait, j'ai gardé l'habitude de réserver un restaurant et d'inviter tous mes amis à danser et à s'amuser. Cette fois, sans exception, ils ont accepté mon invitation. Je n'oublierai jamais cette merveilleuse soirée où je me sentais portée et aimée. Vive l'amitié !

Le lendemain, j'ai rejoint mes filles à Lac-à-la-Tortue. Chez les Dubois, l'absence du père et du fils, tous deux décédés dans la même année, se fit sentir. En remplacement du père, madame Dubois donna la bénédiction à ses cinq enfants. Elle me demanda de me joindre à eux pour la recevoir, en remplacement de Sylvain. Elle me fit cette confidence : « J'ai perdu un fils, mais j'ai trouvé une autre fille. »

Je ne m'étais pas trompée, en ces moments difficiles, rien ne lui faisait davantage de bien que ma présence et surtout celle de ses petites-filles. Le lendemain, je laissai passer du temps avec les enfants et j'en profitai pour retourner dans cette petite auberge où Sylvain et moi avions vécu nos derniers jours de vacances en amoureux. Sylvain m'avait alors mentionné son intention de faire découvrir un jour cet endroit à sa sœur aînée. Je l'avais donc invitée avec son conjoint à se joindre à moi pour le souper. Avant de trouver sommeil, dans cette même petite chambre où nous avions si bien dormi, je sortis mon journal.

Cher Sylvain, j'aimerais t'écrire une lettre d'amour. Tu sais, une lettre comme celles que je glissais souvent dans ta valise les dimanches soir. Bien sûr, je peux encore t'écrire, mais il n'y a pas de retour. [...]

Cette nuit-là, couchée sur le ventre, dans mon dos, une fois de plus, je sentis de la chaleur. Je la sentais sans en être convaincue. Puis, en me retournant, je vis une auréole ; encore cette lumière un peu bleutée. J'eus peur et une fois de plus je me demandai : imagination, rêve ou réalité ?

Cette même nuit, Danielle, la sœur de Sylvain, fit un rêve. Elle voulait voir son frère et du haut du ciel il lui criait : « Si tu veux me voir, viens. » Puis, elle se sentait voler. Elle avait peur et elle retombait.

Durant la même nuit, nous avions ressenti les mêmes choses : l'envie de le voir, mais aussi la peur.

Janvier 2004, premier anniversaire de décès

En ce début d'année, une messe commémorative avait lieu à Lac-à-la-Tortue. Ève ne voulait pas m'accompagner. Je m'y rendis avec Émy et les membres de la famille de Sylvain, que j'avais également invités pour les cérémonies qui allaient suivre en Caroline du Nord. Seulement deux de ses sœurs avaient accepté l'invitation. Madame Dubois aurait bien aimé y assister, mais elle déclina l'offre, car elle ne pouvait se résigner à prendre l'avion. Pour ma part, au-delà de mes craintes de partir sans les enfants, je tenais à y être.

Durant toute cette première année, j'avais évité les médias et refusé toute entrevue. Cette fois, afin de mettre de la pression sur les assureurs, mes avocats m'avaient recommandé l'impact médiatique ; il fallait que l'on constate ma force de caractère et ma détermination. Durant la période des fêtes, lors d'un long téléphone-conférence avec mes avocats, j'avais eu l'idée de publier un communiqué de presse au lieu d'entrevues ; pas de rencontres ni de paroles en trop et, par le fait même, moins de stress. Avec la sécurité prévue, je pourrais demeurer à l'abri des médias et j'aurais ainsi plus de temps pour me recueillir, pour vivre véritablement mon deuil au gré de mes émotions et surtout pour rendre hommage à Sylvain.

Le communiqué de presse fut transmis à tous les grands quotidiens américains. On y parlait des cérémonies commémoratives en se rappelant l'accident : « Avec les renseignements disponibles, il semble plus clair que l'écrasement de l'appareil, un Raython Beechcraft 1900D, ait été causé par un entretien fautif et un surplus de poids. [...] Le NTSB devrait déposer son rapport sous peu. Madame Sonia Reid-Dubois, la femme d'une victime, Sylvain Dubois, affirme : “Il est à souhaiter que les compagnies aériennes et leur personnel d'entretien assument leur responsabilité et donnent suite à leurs engagements afin d'éviter de telles tragédies. Il est également souhaitable que les autorités gouvernementales et législatives prennent les mesures appropriées pour que soient respectés rigoureusement les procédés requis afin d'assurer la sécurité des passagers qui utilisent le transport aérien."

» Ce triste accident aurait pu avoir des conséquences beaucoup plus graves pour la femme de monsieur Dubois, qui n'était enceinte que de six mois de son deuxième enfant lors de l'écrasement du vol 5481 de Air Midwest. En arrivant sur les lieux de l'accident, à Charlotte, madame Reid-Dubois a dû être transportée dans un hôpital, puisque le travail d'accouchement a subitement débuté. »

Il s'agissait de pression sur les assureurs, mais aussi d'un élan d'humanisme dans l'espoir de sensibiliser les autorités et même de simples employés aux conséquences d'une simple faute ou d'une négligence. On poursuivait le récit : « On peut comprendre pourquoi Ève, la fille de madame Reid-Dubois, n'aime pas que sa mère prenne l'avion afin de se rendre à Charlotte pour le service commémoratif... »

Ève semblait plus anxieuse depuis le décès de Sylvain. Encore presque toutes les nuits, en pleurant, elle me réveillait et chaque fois j'allais la voir. Était-elle devenue gâtée ? Il était difficile de différencier sa peine, son besoin de sécurité et la manipulation aussi possible. La nuit précédant mon départ pour Charlotte, Ève me dit une fois de plus : « Maman, je ne veux pas que tu prennes l'avion. »

Pensant qu'elle vivait peut-être avec la peur de me perdre moi aussi, je tentai de la rassurer : « Ma belle Ève, maman va prendre un avion qui ne sera pas brisé. Tu te souviens de l'avion pour aller aux Îles-de-la-Madeleine et de celui pour aller à Cuba ? Ils étaient en bon état. C'était amusant et nous n'avons pas eu d'accident. »

Mes propos semblaient l'avoir rassurée. Puis, alors qu'elle continuait à me parler de tout et de rien, elle me lança soudainement : « Quand papa va sortir de son cercueil ? »

J'avais une fois de plus oublié que les enfants ne comprennent pas l'irréversibilité. C'était vraiment une grosse semaine. Je priai

Sylvain pour qu'il m'aide et pour qu'en mon absence, il veille encore plus ardemment sur nos puces, que je confiai à ma mère. Je partais seulement deux nuits.

En fin de journée, le 6 janvier 2004, j'atterrissais à Charlotte. J'appelai immédiatement Ève. Au téléphone, elle me semblait bien. Toutefois, le midi, à la garderie, elle n'avait pas voulu manger. J'avais déjà hâte de rentrer.

Seule dans ma grande chambre d'hôtel, ce soir-là, je me remis à l'écriture.

Cette fois, en avion, je n'avais pas mal pour toi, mon amour, mais bien pour moi. Repenser à tout ce que j'ai vécu me révolte. Je me remémore mon arrivée ici. Dans deux jours, cela fera un an. Mes souvenirs sont confus et vagues. J'étais tellement sous le choc. Je ne voudrais jamais revivre une telle journée. C'était un vrai cauchemar. Par chance qu'à ce moment, je n'avais pas tout réalisé.

Je ne sais pas ce que je viens chercher ici. Je sais que tu ne seras pas plus au cimetière qu'à la maison. [...]

Le 7 janvier au matin, avec mes deux belles-sœurs et toutes les familles des victimes, je me rendis au cimetière où les restes de dépouilles non identifiés étaient enterrés. J'ai appris plusieurs mois après l'accident qu'environ seulement 80 % des parties de corps avaient pu être identifiées.

Durant le trajet, je demeurai silencieuse.

« Il ne faut pas pleurer parce que cela n'est plus... Il faut sourire parce que cela a été et espérer en ce qui sera. » – Marguerite Yourcenar

Arrivée sur place, je tombai sous le charme de l'endroit : une petite forêt avec des arbres solides et un pont pour traverser le joli ruisseau. Puis, ces vingt et un monuments, d'où une fois de plus on entendait le bruit de l'eau. Sur la pierre de granite, où figure le nom de Sylvain, je déposai une douzaine de roses rouges et, en silence, je le remerciai. Je souhaitais que de l'autre côté il reçoive toute la lumière et l'amour qu'il méritait.

De retour à l'hôtel, puisque personne ne semblait vouloir échanger, je m'autorisai à monter dans ma chambre. Complètement épuisée, sans penser à rien, je m'endormis paisiblement.

Le lendemain matin, un an après l'événement, jour pour jour, nous étions réunis près des lieux de l'accident. Sur une plaque commémorative, le nom de Sylvain figurait au huitième rang. À l'heure exacte de la tragédie, vingt et un coups de cloche se firent entendre. Mon imagination me jouait peut-être des tours, mais j'avais l'impression que le huitième coup avait retenti plus fort que tous les autres.

Au moment où j'écris, je constate que c'est encore le chiffre 8 qui revient, un chiffre qui, couché, devient le signe de l'éternité...

J'assistai distraitement à cette seconde cérémonie. La vue du nom de Sylvain sur la plaque m'obsédait. J'aurais préféré voir une liste de participants, un trophée quelconque, mais je dus me rendre à l'évidence que mon héros était mort.

Après la cérémonie, je me dirigeai vers le hangar, à l'endroit même où s'était écrasé l'avion. Alors que j'espérais ressentir encore cette plénitude qui m'avait doucement enveloppée lorsque j'y étais venue la première fois avec Émy encore dans mon ventre, c'était la colère qui me visitait. Pourquoi cette tragédie ?

On voyait encore des traces au sol. J'y déposai de nouveau des roses. Je ne pouvais m'y éterniser, car je devais prendre le premier vol si je voulais rentrer à la maison dans la journée même. Malheureusement, il n'y avait pas de vol direct et je dus passer par Toronto. On m'assigna le siège 3a d'un petit avion, la même place que Sylvain occupait lors de l'accident. Comme chaque fois, les 37 premières secondes me paraissent une éternité. Par le hublot, je fixais les nuages et l'horizon. En fumée, sur cette terre, tant de rêves s'étaient envolés.

À Toronto, l'avion se posa enfin. Dans l'aérogare, je regardais le tableau d'affichage. L'avion à destination de Québec était arrivé, mais le départ était retardé. Quel sort ironique la vie me réservait-elle encore ? Impatiente de rentrer chez moi, j'allai m'informer et j'obtins la réponse suivante : « L'avion présente un problème mécanique. Nous devons procéder à une maintenance. »

Heureusement encore pourvue d'une petite dose de rationalité, je me raisonnai. Statistiquement parlant, il était presque impossible pour nos enfants de perdre leurs parents un après l'autre, dans deux accidents successifs, causés par de mauvais entretiens. J'avais quand même peur. Je me sentais mise à l'épreuve.

En me faisant réassigner un vol pour Montréal, une connexion vers Québec était encore possible dans cette même journée. Tout comme Sylvain, pour pouvoir embrasser mes enfants et les border, je fis changer mon itinéraire. Pour le vol à destination de Montréal, encore dans un petit avion, on m'assigna le siège le plus près de l'aile droite.

Merci, mon Dieu, merci, la vie, j'arrivais saine et sauve à destination et j'avais la chance de souhaiter bonne nuit à mes trésors. En me voyant arriver, Ève avait un drôle d'air. Lorsque je lui demandai si elle était contente de me revoir, elle me dit : « Oui, mais papa, il n'est pas là, lui ? »

Elle s'était permis un brin d'espoir.

Après les avoir bordées, même s'il était plus sage que j'aille moi aussi dormir, je sortis mon journal et un crayon...

À la même heure, il y a un an, j'étais à l'hôpital, branchée de partout. On me disait de me calmer pour ne pas perdre Émy. Lorsque j'y repense, j'ai encore de gros frissons. C'était vraiment l'horreur, la pire journée de ma vie. [...] Depuis ton décès, j'ai vécu beaucoup de peine et peu de colère. Pourquoi avoir tant travaillé ? Pourquoi es-tu parti ce matin-là ? Je sais que tu as payé déjà assez cher ce choix sans que je te fasse un sermon, mais j'ai mal et je me sens seule. Mon esprit m'empêche d'être en colère, mais au fond de moi, peut-être que je t'en veux un peu.

Malgré l'épuisement, j'écrivis des pages et des pages. La première année de deuil était terminée, mais la ronde des émotions déferlait toujours vivement et il restait encore à venir la messe anniversaire à Lac-Beauport, le dimanche suivant. J'avais pris soin d'expliquer à Ève qu'il y aurait une messe spéciale en souvenir de son père. La veille de la cérémonie, elle dit à un de mes amis : « Mon papa, il est à l'église. Demain, on va aller le voir. »

Croyait-elle seulement que son esprit était à l'église ? Faisait-elle allusion à son corps qui est dans la terre sous la pierre tombale ou pensait-elle le voir réellement ?

Peu de temps après le décès de Sylvain, ma sœur Marie-Claude m'avait fait découvrir une chanson. En l'écoutant, j'avais l'impression que Sylvain me parlait. Chaque mot résonnait pour moi et pour mes filles. Un an après, cette même dame qui avait chanté au service rendit à la perfection toute l'intensité de cette merveilleuse composition : « Donnez-lui la passion. Donnez-lui ce qui fait que quand tout est bidon quelque chose reste vrai. Donnez-lui cette flamme qui ne s'éteint jamais, qui survit même aux drames, les plus longs, les plus laids. [...] Donnez-lui la passion pour qu'elle tende l'oreille, qu'elle entende ma chanson et qu'elle s'en émerveille. Donnez-lui la passion pour qu'elle s'y accroche si le monde est trop con, si la vie est trop moche. [...] Ne me faites pas faux bond, c'est tout c'que je vous demande. Donnez-lui la passion pour qu'elle devienne grande. Je n'veux pas m'en aller, j'veux vieillir avec elle, mais si vous décidez, de m'piéger dans vot'ciel, qu'est-ce que vous voudriez que je fasse de mes ailes si elle ne peut pas voler, ma petite hirondelle ? Si jamais j'déménage, sans l'avertir avant, que j'pars en coup de vent, vers votre grand nuage, que je pars pour de bon et que je l'abandonne, donnez-lui la passion, et faites qu'elle me pardonne[5]. »

Encore aujourd'hui, lorsque j'écoute cette chanson, j'ai le cœur serré. Dans l'église, même les étrangers pleuraient. C'est toujours difficile de laisser quelqu'un. Sylvain n'était pas préparé et nous non plus.

5. Paroles de *Donnez-lui la passion* de Lynda Lemay.

Chapitre 4 — Que d'adaptations elle nous impose !

J'espérais que l'anniversaire de décès soit une source de délivrance. La première année était bouclée, mais ce n'était pas une finalité. Des souvenirs remontaient à la surface et je me sentais vulnérable, mais la bonne nouvelle, c'est que j'avais l'impression de dégeler, de mieux ressentir mes émotions.

Hasard, coïncidence, providence pour m'aider, peut-être, à revivre ce que je n'avais tout simplement pas pu vivre et exprimer un an plus tôt. Quelques jours après ce premier anniversaire de décès, je me retrouvai de nouveau en Floride. Lors d'un de nos bons échanges, mon ami Jean-François en vint à conclure que j'avais besoin de vacances : « Pense à toi, Sonia. Pars te reposer avec les enfants. J'ai justement une copropriété libre en Floride sur le bord de la mer. Je m'occupe de tout. Dis-moi seulement quand tu veux partir. »

J'acceptai son offre. Pour une seconde fois, mes parents m'accompagneraient afin de m'aider avec les enfants.

Arrivée en Floride, après avoir remis l'adresse à mon père, je me fis conduire jusqu'à la copropriété sans me soucier de la localisation. Après une visite des lieux et une courte baignade avec Ève, vu la température maussade, je décidai d'aller courir sur la plage.

Au hasard, je partis vers la gauche. Je courus en regardant le large pendant environ une demi-heure, jusqu'à ce qu'un cours d'eau traversant la plage m'empêche de continuer. C'est alors que je regardai devant. En tournant la tête, je découvris l'endroit où Sylvain et mon père avaient bâti un château de sable pour Ève. Au même moment, il se mit à pleuvoir. Un vrai déluge.

Dès lors, je sus que je n'avais pas besoin de retourner à l'endroit où j'avais appris la nouvelle. Je me rappelai ce que Sylvain m'avait écrit : « Par la simple force de la pensée, un après-midi de pluie peut se transformer en une belle douche automnale. » Je remerciai le ciel pour tous les enseignements. Je repartis avec le sourire et la hâte de retrouver Ève et Émy pour bien terminer la journée.

Un autre matin froid, je retournai courir, mais cette fois, j'optai pour le côté droit. À peine réchauffée, sur cette plage déserte, je croisai un très bel athlète comme je n'en avais pas vu depuis longtemps. Je ne me souvenais d'ailleurs plus de la dernière fois qu'un homme m'avait fait tourner la tête. Après un regard rapidement échangé, je jetai un coup d'œil à ma montre. Je ne courais que depuis cinq minutes. En rêvassant, je continuai ma course. Dans un élan de folie, je m'imaginais lui dire : « Tu m'accompagnes, on court ensemble ? »

Après trente minutes, je retournai sur mes pas. Le vent soufflait fort et les vagues déferlaient violemment sur la plage. À mon rythme, je courais sur cette vaste étendue déserte. Au loin, j'aperçus une silhouette. J'accélérai pour les dernières minutes de ma course et lorsque je m'arrêtai devant la copropriété, le bel inconnu était à mes côtés : « Combien de temps faut-il courir ? me demanda-t-il.

– Je ne sais trop, je ne cours jamais plus d'une heure, car mes genoux ne me le permettent pas. J'imagine que ça dépend de chacun. »

Sa question était un peu étrange, mais la glace était rompue.

Marc était français et il habitait maintenant New York. Il était dans l'immobilier, il n'avait pas d'enfant et, à voir sa silhouette, il était assurément sportif. Je me présentai à lui. Sans détour, avec une honnêteté sans défaut, je lui racontai des parcelles de mon histoire. Il ne me sembla ni mal à l'aise ni impressionné. Il était seulement là, sans jugement, à mon écoute.

Nous avons échangé un bon moment. Durant ce temps, la température de mon corps redescendait et je me mis à frissonner. Mon interlocuteur m'offrit son chandail, mais par gêne, je refusai. Il me raccompagna donc jusqu'à la copropriété, où je lui présentai mes parents et mes deux trésors. En me quittant, il m'offrit de me rappeler pour aller prendre un verre. Sans trop hésiter, je lui remis le numéro de téléphone pour me joindre. Il serait toujours temps de refuser. Il me salua à la française en me faisant la bise. Son étreinte me mit mal à l'aise. Je paralysai puis je le repoussai un peu. Tout arrivait trop vite.

Dans mon journal, la veille, j'avais écrit :

Je n'ai que trente ans. Je ne veux pas passer le reste de ma vie seule. Je pense qu'il serait bien que je rencontre un autre homme, mais je ne me sens pas prête. C'est idiot, mais je crois que j'ai peur de ne plus « rencontrer », de ne plus plaire, de ne plus être séduite.

Cette rencontre était un beau clin d'œil.

En fin de journée, le téléphone sonna. C'était mon ami Jean-François qui appelait pour s'assurer que nous étions bien installés et que tout se déroulait bien. Deux jours plus tard, j'accompagnai Marc pour un souper au restaurant. Je passai un agréable moment en sa compagnie, mais sans plus. Tous ces compliments, et même ce baiser de fin de soirée, me laissaient devant un grand vide.

De retour à la maison, j'arrêtai rapidement de répondre à ses courriels. Je n'avais aucun intérêt pour une relation à distance et je savais long le chemin pour bâtir à nouveau une vraie relation.

Chapitre 5

Que de leçons elle nous apprend !

S'ouvrir aux autres

Après les grands froids de janvier, je recommençai à skier. Le premier après-midi clément, j'allai louer des skis pour Ève. Même si Sylvain n'était plus là, je voulais qu'elle découvre rapidement un de nos grands plaisirs. Quel défi ! En plus, je devais constamment garder un œil sur sa sœur qui dormait, bien emmitouflée dans son traîneau.

J'aurais bien pu attendre qu'elle vieillisse pour lui montrer à skier. Elle n'avait que deux ans, mais j'avais besoin de me prouver que ce genre de projet était toujours possible.

Je retournai aussi skier avec mes amis Jean-Marc, Rachel et Pierre. Depuis la fête du jour de l'An, Pierre me téléphonait plus régulièrement. Cette journée-là, sous de gros flocons, dans la neige folle, nous nous sommes beaucoup amusés. Au pub, durant l'après-ski, nos discussions étaient animées et j'avais l'impression de revivre, jusqu'à ce que l'on prononce le nom de Sylvain et que je me souvienne... Le lendemain de notre première rencontre, il allait chez Pierre. Je me rappelais avoir songé au plaisir qu'aurait pu m'apporter un moment avec ces deux hommes. Puis, j'avais revu Pierre le lundi et tous les autres matins au bureau et, quelques semaines plus tard, Sylvain au Salon des pâtes et papiers. C'est dans ce même centre de ski, dans ce même bar, que Sylvain et moi avions eu notre premier vrai rendez-vous, environ sept ans plus tôt. Pierre s'était réjoui de notre union. Notre rencontre avait humanisé son bon ami et, enfin, il comprenait un peu mieux sa situation familiale et tous les compromis inhérents qui séparaient leurs styles de vie.

Pierre avait par la suite divorcé. En plus de le côtoyer chaque jour au travail, Sylvain et moi l'avions souvent revu avec sa nouvelle copine. Nous avons même ensemble parcouru des rues d'Espagne, siroté de la sangria et du cava, mangé des tapas et bien rigolé.

Comme dans un film, je revoyais l'histoire. Qui aurait pu croire ? Pierre, de nouveau célibataire et moi, veuve. Tous deux parents de deux enfants. Nous étions de bons amis, seulement de bons amis, me rappelais-je pour chasser toutes mes appréhensions.

Se concentrer sur l'essentiel

Alors que j'essayais tant bien que mal de décrocher du passé, mes avocats me proposèrent ce qu'ils jugeaient une excellente idée : « Sonia, pour démontrer l'immensité de ta perte aux assureurs, nous croyons qu'il serait bon de produire une vidéo. Ils doivent te voir, t'entendre, percevoir ta fragilité, et ce, tout en pouvant constater de façon indirecte ta détermination. Les enfants doivent les émouvoir. [...] En plus des entrevues, on insérerait des vidéos ou des photos de Sylvain avec vous. Rien de mieux que des images pour réaliser qu'il était un bon mari et un bon père. [...] »

L'exercice était pour moi très exigeant, presque inhumain. Serais-je à la hauteur ? Pourrais-je tenir le coup ? Comment exprimer mes émotions devant une caméra alors que j'avais si bien appris à les maîtriser devant mes enfants ?

Les avocats voyaient un court montage à grand déploiement, mais bien entendu, les frais reliés à la production seraient entièrement à ma charge. Pour limiter le risque financier, dans un élan de folie, je pris la décision de tenter de le produire moi-même. Amateur de montage vidéo, mon ami Jean-Marc m'aiderait dans les aspects plus techniques. Les avocats acceptèrent de me laisser quelques semaines.

Je passai des heures à réfléchir aux divers messages à livrer, à mettre de l'ordre dans mes idées, puis des journées entières à choisir des photos et sections de vidéos déjà tournées pour appuyer mes dires : Sylvain en train de chanter, de jouer au golf, de rire avec des amis à la maison. Je triais des vidéos et des photos de voyage. Puis, on devait le voir avec sa fille : il la faisait manger, il lui donnait son bain, il lui apprenait à marcher, il la chatouillait, il la faisait danser, elle lui souriait, elle lui donnait des câlins et sur l'une de ses dernières apparitions avec Ève, il caressait ma bedaine.

Je choisis chaque intention, chaque parole. J'écrivais, je modifiais des phrases, je changeais des mots. Puis, il fallut tourner. Que de fois seule chez moi devant la caméra j'ai recommencé ! Soit cela manquait d'émotion, soit j'en avais trop. Parfois, aucun son ne sortait. Je coupais, je recommençais.

Tous ceux à qui j'ai demandé de parler de celui qu'ils ont aimé devant la caméra ont accepté de le faire. La mère de Sylvain disait avec beaucoup d'émotion, les yeux pleins d'eau : « Je viens de perdre mon mari, ça faisait quarante ans que nous vivions ensemble, c'est difficile, mais je dois m'y faire. Pour mon fils, ce n'est pas pareil. Jamais je ne pourrai accepter sa mort. »

Puis, sa sœur parlait de lui comme son confident, celui qui était si vivant, celui en qui elle avait confiance, celui dont elle attend encore le coup de téléphone. Des collègues parlaient de sa carrière, de son savoir-faire et surtout de son savoir-être : « Il était si dévoué, toujours disposé à nous aider. » Malgré son travail à l'extérieur, tous connaissaient son attachement familial. « Il était si fier de sa fille, il ne pouvait pas commencer une présentation sans nous montrer une nouvelle photo d'elle… Et quand il parlait de Sonia, la lumière brillait dans ses yeux. Il était si amoureux. » Puis, tous ses amis disaient : « Il était un bon ami, mon meilleur ami ! »

J'avais vécu l'histoire, je l'avais écrite, et voilà que je devenais en plus l'actrice et la réalisatrice de sa mise en scène. Ce n'était pas un simple scénario, c'était ma propre vie.

Quel exercice pénible ce fut ! J'ai travaillé fort, et que dire de mon ami Jean-Marc qui s'exerçait au montage ? Nous ne comptions ni les heures ni les jours.

« Pas de problème, Sonia, je recommence. » Quelle patience il eut !

Les avocats étaient satisfaits du montage. Ils adoraient la fin, où pour émouvoir les Américains, mon ami Jean-Marc avait ajouté au déroulement des photos, la chanson thème de *Titanic*. J'étais un peu comme la naufragée, encore vivante, mais triste d'avoir perdu mon grand amour !

Les résultats officiels de l'enquête du NTSB devaient sortir dans les jours à venir. Il fallait accélérer la cadence. Les avocats me demandaient sans cesse de nouvelles informations et j'avais de plus en plus de questions. La pression se faisait sentir. Je leur parlais presque quotidiennement et, comme ils étaient fréquemment en rencontre durant le jour, ils me rappelaient, la plupart du temps, seulement vers dix-huit heures, lorsque j'étais en train de faire manger les enfants. Ils semblaient oublier mon rôle de mère monoparentale. Ève avait vite compris, lorsque le téléphone sonnait, que maman devait s'absenter un moment pour parler aux avocats.

Un soir, après avoir raccroché le téléphone, avec l'air le plus sérieux du monde, elle m'interrogea : « Maman, les avocats, ils ne peuvent pas ramener papa, hein ? Ils peuvent juste nous rapporter des souvenirs...

– Non, ma belle, ils ne peuvent pas ramener papa, car il est mort. Puis, les souvenirs, ils sont déjà dans nos cœurs. »

Au même moment, à la radio, j'entendis la chanson qui nous rappelle si bien que « l'essentiel [...], ce n'est pas la fortune ou la célébrité [...], c'est avoir dans son cœur quelqu'un à qui parler. [...] C'est inspirer à l'autre un sentiment si fort qu'il pourrait nous survivre au-delà de la mort[6]. »

Par une simple question, cette enfant pleine de sagesse m'avait ramenée dans la bonne voie. À l'instant même, je chassai de ma tête toute idée reliée de près ou de loin à cette poursuite et à l'interminable liste de choses à faire. Ce soir-là, je m'endormis paisiblement. Les jours suivants, de dix-sept à vingt heures, je décrochai le téléphone.

Quelques jours plus tard, lorsque je reçus enfin le rapport du NTSB, je n'eus pas envie de le lire. Je laissai le soin à mes avocats de parcourir les deux cents pages d'explications techniques et de m'en expliquer les grandes lignes. Essentiellement, comme il avait été déjà avancé, l'écrasement de l'appareil avait été causé par la combinaison de deux éléments : un entretien fautif et un surplus de poids. Dès le décollage, le nez de l'avion s'était relevé à un angle très prononcé. Malgré toutes tentatives, il fut impossible pour les pilotes de ramener

6. Extrait de la chanson *L'essentiel* de Ginette Reno.

le nez de l'avion et de reprendre le contrôle. La tension des câbles contrôlant les élévateurs avait été mal ajustée.

Malgré cette connaissance de cause, la responsabilité n'était pas si clairement attribuée. On reprochait bien entendu à la compagnie aérienne un programme de maintenance déficient et un manque de rigueur dans ses méthodes et documentations ainsi que dans son programme de balance. L'entretien de l'appareil avait été réalisé par une tierce compagnie en sous-traitance. Selon l'enquête, au moment de l'entretien de l'appareil en question, l'employé attitré travaillait en continu depuis déjà bien trop longtemps et, de plus, c'était la première fois qu'il procédait à la maintenance d'un Raython Beechcraft 1900D. Il fut prouvé que l'entretien n'a pas été fait selon la méthode écrite ni bien vérifié par le supérieur. L'assurance qualité des inspections de ce sous-traitant n'était pas adéquate, tout comme la formation de ses employés. Cette compagnie figurait donc aussi sur la liste des responsables.

On reprochait également à la Federal Aviation Administration (FAA) d'utiliser, pour le calcul de balance, un poids moyen des passagers qui avait été établi au début des années 1980, sans être revu depuis. On lui reprochait, de plus, un manque de surveillance quant à l'application du programme de maintenance ainsi que du programme de poids et balance établi.

Les différentes parties impliquées pouvaient bien se chicaner pour la responsabilité, ça ne me ramenait pas mon amoureux. J'aurais pu être choquée, mais je n'éprouvais rien. Il y avait eu faute, mais personne n'avait agi de mauvaise foi, personne n'avait souhaité cet accident et encore moins la mort des passagers. Tout ce que je souhaitais était la mise en place de mesures correctives pour le futur.

Après une attente qui m'apparut interminable, j'appris finalement que l'endroit où ma requête serait déposée si nous devions nous rendre en procès était un État favorable pour moi. Le lourd plafond canadien qui limitait le règlement maximum possible venait enfin de se dissiper. J'aurais dû en être soulagée, mais tout allait si vite...

C'était déjà le premier anniversaire d'Émy et, par le fait même, la fin de mon congé de maternité. Croire à un retour au travail, alors que je ne dormais rarement plus de trois à quatre heures par nuit, faisait peut-être un peu partie de ma folie. Même si rien dans mes habitudes de vie ni dans mon apparence physique ne permettait de conclure en une profonde dépression, mon comportement un peu excessif et obsessif ainsi que ma difficulté à m'imposer des limites suffirent à convaincre le psychiatre sollicité par mon employeur de la pertinence d'un arrêt prolongé. Je me croyais plus fine qu'eux et je pensais m'en sortir sans antidépresseurs. J'allai chercher les médicaments, mais je ne dis à personne ce que j'en fis. Je refusais intérieurement le diagnostic de dépression et surtout les recommandations médicales pour la traiter. Je vivais un énorme deuil et j'allais y vivre les émotions rattachées en toute conscience.

Vivre à nouveau

Sylvain,

Jusqu'à tout récemment, je vivais mon deuil dans ma tête, par écrit et avec toi. Je voulais franchir toutes les étapes logiquement, une à une, trop rationnellement. Et voilà que je découvre que les événements, les situations, le contact avec les autres m'aident à avancer. Je n'ai plus envie d'attendre le départ de ma peine pour vivre à nouveau. Je crois même que c'est en recommençant à vivre qu'elle a le plus de chance de s'en aller. [...]

Des soupers entre amis, des journées de ski, l'arrivée de la chaleur, des tournois de golf, des balades en patins à roues alignées, du tennis... Je me permettais à nouveau un peu plus de bon temps sans la présence des enfants et je voyais Pierre de plus en plus souvent.

J'avais établi une règle claire. Nos rencontres étaient sans engagement, sans lendemain. Pierre était d'accord. Je me sentais encore très fragile, avec peu à offrir, mais il me disait que ma présence lui faisait du bien et c'était réciproque.

Même si je prenais toujours soin de présenter Pierre comme un ami, en me voyant plus souvent en présence d'un autre homme, mon entourage comprit vite que j'étais un peu plus ouverte à faire des rencontres. Plusieurs avaient quelqu'un à me présenter. Même ma mère se mit à me chercher des prétendants.

C'est finalement avec Pierre que je me sentais le mieux et que je préférais partager de bons moments. Il me connaissait bien, mon entourage lui était déjà familier et il affectionnait beaucoup mes enfants. Avant tout, il connaissait et respectait ma perte. Sylvain était aussi son ami.

Pierre me réapprit à rire et à m'amuser. La messagère avait-elle dit vrai ? « De là-haut, il s'occupe que vous ne continuiez pas votre vie seule. Quand Émy va marcher, un autre homme prendra soin de vous. »

Pierre fut témoin des premiers pas d'Émy.

Se hâter lentement

À la mi-juin, alors que je devais partir à nouveau avec mes filles aux Îles-de-la-Madeleine, je dus annuler les billets d'avion et m'en procurer deux pour New York. À la suite du dépôt de la requête, les représentants des assureurs demandaient une rencontre. Selon mes avocats, le moment était propice pour leur présenter la vidéo.

C'est très tôt le matin, deux jours plus tard, accompagné de mon avocat canadien, que j'atterris à JFK, où dans l'aérogare un chauffeur nous attendait. Tellement préoccupée par la rencontre, j'avais relativement bien géré mon stress relié au vol.

À notre arrivée au cabinet, mes deux avocats américains nous invitèrent à les attendre patiemment dans l'une des salles de conférences pendant qu'ils discuteraient avec les assureurs. J'étais choquée. Pourquoi m'avaient-ils fait déplacer pour finalement m'exclure ? Tout avait l'air trop organisé, trop ordonné. J'avais peur qu'il y ait manigance, j'avais peur de me faire duper. J'insistai pour que mon avocat canadien assiste à leurs entretiens. Le savoir avec eux me rassurait un peu.

Seule dans la grande salle de conférences, j'attendis plus de deux heures avant que l'on ouvre enfin la porte. « Une petite pause, ils doivent discuter entre eux.

– Comment ça se passe ? m'empressai-je de leur demander.

– La vidéo semble avoir eu son effet. Tout se déroule bien. »

Pas moyen d'en savoir plus. Ils s'informèrent des enfants et me parlèrent de tout et de rien. Puis, ils repartirent dans la salle d'à côté. Long était le temps passé à regarder les murs puis ma montre. En début d'après-midi, mes avocats vinrent me présenter l'offre des assureurs. Selon eux, elle était finale et ils me conseillaient d'accepter. J'étais sidérée, aucun argument, aucun commentaire, seulement un montant.

Avaient-ils contesté les prévisions de chiffres d'affaires de l'entreprise de Sylvain, ses revenus projetés ou mon non-retour au travail pour les années à venir ? Avaient-ils revu les sommes réclamées liées au choc émotif pour les puces et moi ? Qu'avaient été leurs propos ? Avaient-ils décomposé leur offre ? Moi qui m'étais préparée pour de longues argumentations, de longues négociations, on me demandait simplement de dire « oui, j'accepte » ou « non, je refuse ».

Jonglant avec mon indécision, je réalisai que je n'avais pas chiffré mon objectif. Je demandai un moment seule avec mon avocat canadien qui était, lui aussi, un peu surpris du déroulement de la rencontre. Il n'y avait pas eu de négociation à proprement parler. Les nombreuses heures avaient été davantage consacrées à la lecture et à la vérification des contrats et documents.

« Ils ont effectivement l'air de s'être parlé plusieurs fois avant la rencontre d'aujourd'hui. Je ne peux pas dire si des chiffres ont été avancés ou non auparavant, mais ce qu'il faut regarder, c'est l'offre et, somme toute, elle n'est pas si mal. »

Il avait bien raison. Pourtant, quelque chose me poussait à ne pas accepter leur offre trop vite. Je savais qu'ils souhaitaient obtenir rapidement ma signature qui, selon leurs dires, était parmi les seules décharges manquantes pour cet accident du 8 janvier 2003. J'avais attendu près d'un an et demi. Je pouvais encore patienter quelques jours.

Je demandai donc aux avocats de présenter une contre-proposition. Ces derniers essayèrent de m'en dissuader : « L'offre est finale, valide seulement pour la journée. Tu ne peux refuser. Penses-y, si tu acceptes, tu pourras enfin te reposer, tout cela sera derrière toi… » Dans l'espoir de me faire entendre raison, ils demandèrent de prolonger la validité de l'offre jusqu'au lendemain.

Durant le vol de retour, j'avouai à mon avocat canadien que malgré les apparences, je sentais la pression plus forte que je ne le laissais paraître. J'étais épuisée et j'avais hâte de tourner la page. J'avais du mal à me réjouir, car des sentiments contraires m'habitaient.

Le lendemain, je fermai mon cellulaire et j'allai récupérer les filles chez leur grand-mère. Je ne répondis pas aux dizaines de messages reçus. Mes intentions avaient été clairement précisées la veille. Je n'acceptais pas l'offre.

Pour la longue fin de semaine qui s'en venait, Pierre, qui avait déjà planifié une escapade avec ses garçons dans le Maine, me proposa de l'accompagner. Bien sûr, pour les filles et moi, je louerais ma propre chambre, mais il m'offrait son aide, ne serait-ce que pour transporter les bagages. L'idée me souriait, mais l'aspect émotif et affectif que représentait notre relation me faisait hésiter. Pauvre Pierre, il eut droit à une nouvelle mise au point : « Pas d'attente, pas d'hier, pas de demain.

– Marché conclu », répondit-il.

Ce fut une merveilleuse fin de semaine. Avec Pierre à mes côtés, j'avais l'impression que tout était plus facile, léger et amusant.

Lâcher prise

Quelques jours après mon retour du Maine, mon avocat me convia à son bureau. Il m'informa que les assureurs avaient bougé. Le bond qu'ils avaient fait était plus qu'appréciable pour la dizaine de jours d'attente qui m'avaient procuré ce congé bien mérité. Je laissai de côté la rancœur et j'acceptai le dédommagement.

J'aurais voulu me reposer, mais tout n'était pas totalement terminé. À vrai dire, il restait beaucoup plus de décisions à prendre et de démarches à poursuivre que je l'avais anticipé.

Puisque Sylvain n'avait pas de testament, selon la loi, il fallait établir un conseil de famille et obtenir préalablement son approbation pour toutes les décisions concernant les enfants. Puis, il y avait toutes ces questions fiscales. La loi américaine ne prévoyait pas d'imposition dans un tel cas de dédommagement. Personne dans tout le grand cabinet de mon avocat canadien ne semblait pouvoir affirmer si les mêmes règles s'appliquaient dans notre pays. Je dus présenter des demandes anticipées à nos autorités. Cette démarche m'imposa plusieurs semaines d'attente.

Afin de me permettre de mieux comprendre les avantages et inconvénients d'un règlement structuré, on me présenta un courtier américain. Les taux d'intérêt proposés étaient à un bas historique et pour ajouter un peu de défi dans la planification, il y avait aussi l'effet de la devise qui semblait vouloir jouer en ma défaveur. Rien n'était simple et je n'avais visiblement pas terminé de faire des choix.

L'été passa à la vitesse d'un éclair. À travers mon travail acharné d'optimisation, je voyais Pierre de plus en plus souvent. Sa présence me faisait réaliser que tout était encore possible et tellement plus facile à deux. J'avais peur de me faire prendre dans le détour, mais en même temps, sa présence me faisait du bien.

En choisissant de dessiner un voilier sur la pierre tombale de Sylvain, j'étais loin de me douter que cet été-là, sous la propulsion du vent, j'allais vivre de si beaux moments. Pierre me fit redécouvrir les plaisirs de la voile. À mon grand bonheur, malgré leur bas âge, les filles étaient tout à fait à l'aise sur l'eau. Elles passaient des heures assises dans le fond du bateau à regarder des livres, à dessiner et à jouer avec les garçons.

Sur le voilier, je laissais couler le temps, je suivais aisément le courant. J'aimais sentir le vent sur ma peau, regarder le reflet du soleil sur l'eau et me laisser bercer. Après quelques heures, il me fallait quand même retrouver la terre ferme pour bouger un peu. Je crois que, de toute ma vie, je n'ai jamais passé deux jours sans faire d'exercice, à part la période durant laquelle je fus mise au repos par les médecins. Le sport m'a toujours été salutaire.

Vers la fin de l'été, malgré mon lot de préoccupations et la surcharge de travail nécessaire pour mener à bien l'aboutissement de la poursuite, je me sentais de moins en moins à l'aise de demeurer en congé de maladie. Avant le décès de Sylvain, j'aimais bien mon travail, mais je n'étais plus certaine d'y trouver un sens.

Pour une seconde fois, j'allai visiter cette voyante rencontrée un an plus tôt. Concernant ma réticence à laisser mon emploi, elle me donna le conseil suivant : « Fais confiance à la vie, ne t'inquiète pas. Il viendra un moment où une solution gagnante pour ton employeur et toi se présentera. Tes énergies sont en mouvement, d'autres missions t'attendent, mais surtout ne brusque rien. N'oublie pas qu'en ce moment, toute cette énergie que tu investis pour régler les choses matérielles sert dans ton inconscient à la guérison de ton âme. »

Quelques jours plus tard, lors d'un souper avec des collègues de travail, j'appris que l'on prévoyait de nombreuses mises à pied à l'usine. J'étais triste à l'idée que des gens soient congédiés alors que pour ma part, je n'étais pas très enthousiaste à l'idée de réintégrer mes fonctions. Je passai donc clairement ce message à des amis qui occupaient des fonctions de haute direction.

J'eus du mal à convaincre mon médecin d'autoriser mon retour au travail, ce qui était nécessaire pour une éventuelle mise à pied. Ce dernier jugeait que j'avais eu suffisamment de pression pour mériter encore un peu de repos. Après lui avoir expliqué la situation, j'obtins finalement un billet médical pour un retour prévu la semaine où les mises à pied, dont la mienne, seraient annoncées.

Ainsi, le lundi matin, je rentrai au bureau avec l'idée de ramasser mes effets personnels et de saluer mes collègues. En m'accueillant, mon directeur m'apprit que je ne faisais plus partie de la liste de ceux qui allaient être mis à pied. De nouveaux dirigeants en place avaient enquêté sur moi et ils souhaitaient me garder dans l'équipe.

J'étais dépassée, mais heureusement, je m'adaptais de mieux en mieux aux revirements de situation. J'appelai donc ma gardienne pour vérifier si elle pouvait garder les puces jusqu'à la fin de la journée ainsi que les jours qui allaient suivre. Une chose à la fois, me rappelais-je. Je devais reprendre la gestion de mon service, me remettre vite à jour, valider les priorités et comme toujours, faire preuve d'efficacité. Si je venais qu'à ne plus être capable de tout gérer, il serait toujours temps de démissionner.

J'utilisai mon heure de repas pour parler aux fiscalistes, courtiers et autres. Le soir, une fois les filles endormies, je continuais les analyses et tout le reste. Je travaillai ainsi à l'usine pendant quatre semaines à un rythme d'enfer. Je commençais tout juste à me réadapter à cette vie lorsque le directeur général me convoqua à son bureau. On me remercia pour mes services. J'avais une heure pour quitter les lieux.

Contrairement à plusieurs de mes collègues mis à pied aussi cette journée-là, on ne me fouilla pas et l'on ne m'escorta pas.

Seule dans ma voiture, la larme à l'œil, j'ai franchi pour une dernière fois la barrière de sécurité. Je me suis ensuite dirigée vers la marina où j'ai éteint mon cellulaire qui sonnait sans arrêt et je suis allée marcher sur les quais. Sur ma droite, je regardai la fumée qui se dégageait de l'usine, c'était un autre deuil. Ensuite, en portant mon regard sur la gauche, sur tous ces voiliers qui m'inspiraient calme et quiétude, je rendis grâce pour ces belles années. Je passai ensuite près du marché et des terrasses. Tout à coup, la vieille ville me sembla plus attrayante. Il était grand temps de m'amuser...

Bonsoir Sylvain,

C'est un bonsoir un peu timide. Ça fait un bout que je ne t'ai pas écrit...

À vrai dire, ça ne faisait pas plus de trois semaines...

Beaucoup de changements récemment. [...] Tu dois être content de constater que je m'investis un peu plus dans ma nouvelle vie. J'ai le goût d'avancer, mais j'ai aussi peur d'oublier. Ça me fait du bien de savoir que quelqu'un pense de nouveau à moi, ici, sur terre, mais j'ai l'impression de te trahir.

Pauvre Pierre, j'étais si ambivalente. Une journée, je me laissais aller et j'appréciais sa présence. Puis, le lendemain, je voulais être seule.

Je lui confiais souvent mes peurs de m'attacher à nouveau. Rationnellement, il acceptait notre relation sans lendemain, mais plus le temps passait, plus il s'attachait, et moi de même.

Pierre est-il une fuite ou suis-je en train de tomber à nouveau amoureuse ? Est-ce de la dépendance ou un amour qui naît et qui se développe petit à petit ?

J'ai perdu beaucoup trop de temps à réfléchir et à analyser, à penser à l'autre et pour l'autre, pour finalement n'être que plus perdue. Avec du recul, je constate que l'important n'était pas de qualifier cette relation, mais bien de la vivre. Le lâcher-prise m'a conduite vers des vertus que j'aurais aimé connaître plus tôt.

À nos débuts, Pierre était sensible et beaucoup à mon écoute. Lorsque j'étais saisie d'émotions devant un film, une lecture, une chanson, un geste ou une réflexion des filles, je pouvais aisément lui partager mes états d'âme. Il n'évitait pas de me parler de son bon ami, il ne cherchait pas à me soustraire de mon deuil. Parfois, il me faisait même le cadeau de m'interpréter au piano des chansons qui évoquaient le souvenir de Sylvain. Je lui exprimais souvent mon déchirement entre le passé et le futur. Il savait par exemple qu'assise à ses côtés, j'appréciais les mélodies qu'il me composait, mais qu'en même temps, je me souvenais du désir de Sylvain d'apprendre à jouer de cet instrument. J'étais à la fois heureuse et nostalgique d'entendre résonner le piano.

Exprimer ma peine, ma colère, mes ennuis et même pleurer dans les bras de Pierre me fut salutaire. C'est comme si le fait de reconnaître mon « mal d'être » devant une tierce personne m'en délivrait un peu.

Tranquillement, je lui laissais de plus en plus de place dans ma vie et celle de mes filles. Pierre a toujours aimé la vie de famille. De même que pour ses enfants, il s'impliquait à tout niveau auprès de mes puces. Il m'aidait à les habiller, à donner les bains, il changeait même les couches d'Émy au besoin et, surtout, il jouait avec elles. Je sentais qu'il les aimait sans limites. Sa patience et son énergie étaient remarquables. Je n'ai jamais senti la différence d'âge qui nous séparait. Avait-il souffert de l'absence de ses propres enfants en raison de son divorce et de la garde restreinte qui lui avait été imposée alors qu'ils étaient en bas âge ? Peu importe puisque chacun semblait sortir gagnant de ce rapprochement.

Pierre passait la plupart des fins de semaine avec nous et, la semaine, il venait dès qu'il le pouvait. Émy était toujours contente de le voir. Il l'agaçait en l'appelant « Pitchounette les bobettes » et elle lui répondait « Wawa les lunettes ». Pour sa part, Ève, fidèle à mon image, était plus ambivalente dans ses sentiments. Elle semblait apprécier la présence de Pierre, mais elle demeurait réservée. Avait-elle peur de trahir son père ? Attendait-elle encore son retour ?

Malgré tous mes efforts pour demeurer attentive à ses dires, j'avais beaucoup de mal à savoir ce qui se passait dans sa petite tête.

En plus de posséder une intelligence et une mémoire remarquables, Ève a toujours été dotée d'une grande sensibilité. Elle est réfléchie et compliquée à la fois. La nuit, elle parle beaucoup et régulièrement. Elle dit voir son père. Lorsque je l'interroge, elle répond à mes questions et pourtant elle semble endormie.

Chapitre 5 — Que de leçons elle nous apprend !

Ne sachant plus quoi penser ni quoi faire devant un sommeil toujours aussi perturbé, une certaine nuit, alors qu'elle se réveilla apeurée, à voix basse je lui suggérai ceci : « Si c'est encore papa qui vient te déranger, tu peux lui demander de partir. »

Trois jours plus tard, en se levant le matin, d'un air sérieux elle me déclara :

« Cette nuit, papa est sorti de mon cœur, il a bouché le trou que j'avais dans ma tête et maintenant, je suis guérie ! »

Ouf ! La nuit précédente, dans un état mi-sommeil, mi-réveil, elle disait voir un gros nuage qui lui faisait peur. Au début, il était vert, ensuite il est devenu rouge. Dans la réalité, Ève faisait une sinusite, elle avait mal à la tête et son nez coulait. Se sentait-elle simplement mieux ? Comment interpréter ses dires ? Vision ? Imagination ? Je ne savais quoi penser.

Pour sa part, Émy me parlait souvent de papa dans la coquille. Ça me faisait rire. Je ne comprenais pas d'où sortait cette idée, jusqu'à ce que tout récemment, en relisant mon journal, je me souvienne du crabe mort qu'elle avait trouvé sur la plage dans le Maine. À peine âgée de seize mois, elle n'avait sûrement pas très bien compris ce qu'on lui avait expliqué à propos de la mort cette journée-là.

On m'avait dit : « Restez à leur écoute et répondez simplement à leurs questions... » En tant que parent, je me permets de rajouter aujourd'hui : « Ne cherchez pas à tout comprendre au moment souhaité. Lâchez prise, soyez patient et croyez... »

Chapitre 6

Que de forces elle nous prodigue !

7 janvier 2005

À pareille heure, deux ans plus tôt, nous étions blottis dans les bras l'un de l'autre. Nous écoutions Ève, nous parlions d'Émy, nous faisions l'amour, nous étions heureux. Comment trouver un sens ? [...] Lorsque je regarde nos enfants, je sais que notre amour est vivant. Mais qu'en est-il de ton contrat de père ? Comment croire que de là-haut tu veilles sur elles et que tu t'assures qu'elles comprennent ?

J'ai écrit plusieurs pages et je me suis endormie très tard ce soir-là. Le lendemain matin, Ève et Émy ont fait de beaux dessins pour papa. Finalement, elles ne les ont pas déposés près de la pierre tombale, car Ève voulait me les donner : « Ça te fait plaisir, maman ? »

En cette journée, je crois que ma tristesse la bouleversait autant, si non plus que l'absence de son père. Elle essayait souvent de me protéger. Une fois, elle m'avait même dit : « Mon cousin Maxime, il est blagueur. Il dit que je ne peux pas être fâchée contre mon papa. Mais tous les jours, moi, je m'ennuie de lui. Je ne peux pas t'en parler, car ça te fait de la peine. Il faudrait que j'aille voir madame Mona tous les jours, car eux, les psychologues, ça ne leur fait pas de peine et ils sont payés pour nous écouter. »

Mona était une gentille thérapeute qu'Ève visitait à l'occasion afin de s'exprimer par l'art et le jeu. J'avais de la misère à évaluer l'impact de cette thérapie sur Ève, mais à la suite de cet aveu, je compris que malgré toute mon ouverture, l'écoute d'une personne extérieure lui était bénéfique.

Lors de cette journée d'anniversaire, un des frères de Sylvain est venu nous voir avec sa conjointe et sa mère. Mes parents nous rendirent aussi visite puis d'autres amis passèrent. À travers tout ce monde dans ma maison, j'étouffais. Je serais bien sortie me promener dehors, mais il faisait un froid glacial.

Afin de distraire Ève qui me suivait pas à pas et surtout avec l'idée de respirer un peu mieux, je songeai à l'amener au cinéma. Tous ces gens, dont plusieurs resteraient sûrement aussi pour le souper, pourraient pour quelques heures, s'occuper d'Émy. Je consultai le journal, mais malheureusement, je ne trouvai à l'affiche aucun film d'animation intéressant pour Ève. Je vis toutefois l'annonce du film *Voyage au pays imaginaire*. Mon amie Marie-France m'avait mentionné qu'on lui avait conseillé ce film : « Il s'agit d'un auteur de pièces de théâtre qui s'inspire de l'histoire d'une veuve et de ses quatre enfants pour écrire l'histoire de Peter Pan. »

Ça me rappelait la lettre que Sylvain m'avait écrite : « […] Peter Pan pouvait-il vraiment voler ? Peu importe, puisque sa pensée heureuse semblait le lui permettre. »

Jour pour jour, exactement deux ans après le décès de Sylvain, la coïncidence me semblait surréaliste. Je laissai donc Ève et Émy aux soins des grands-parents et je m'empressai d'assister à ce film. Durant toute la représentation, j'ai pleuré sans retenue. Je suis sortie de la salle apaisée. Je savais que l'on nous soutenait.

Sylvain,

Je sais que tu es là. Excuse-moi d'avoir besoin de tant de preuves. Merci pour le beau coucou. Ce film nous suggère de croire à un pays imaginaire très beau […] J'ai envie de croire que tu me lances sur cette piste pour me rappeler que tu es bien de l'autre côté, que c'est merveilleux et que par la pensée nous pouvons toujours t'y rejoindre. La pensée, c'est simple et pourtant si puissant.

Enfin, je n'aurai plus à me demander comment tu aimerais que j'explique la mort à nos filles. J'ai compris que je n'ai pas à leur dicter des faits ou des croyances précises. Je dois simplement les encourager à croire en elles, en ce qu'elles désirent, en ce qui leur fait du bien.

Dans ce film, on voit bien les différentes réactions des enfants par rapport à la mort. On saisit bien l'importance de leur dire la vérité afin qu'ils se sentent impliqués et non mis à l'écart. On nous met aussi en garde ; la mort d'un proche fait parfois vieillir beaucoup trop vite les petits. De là l'importance de s'assurer qu'ils continuent à s'amuser et à créer leur monde imaginaire.

J'ai bien aimé l'intensité et l'ouverture du dramaturge qui aime la veuve et les enfants, malgré les jugements de tous. Devant son apport auprès de la petite famille, au lieu du sentiment de trahison et de culpabilité que je porte encore parfois, je ne peux qu'être reconnaissante de bénéficier, moi aussi, d'une telle présence aimante et bienveillante dans ma vie.

Je pourrais écrire des pages et des pages sur ce film... un destin tragique qui donne espoir en la vie...

Mon amour, je t'envoie plein de lumière. Et ce soir, j'ai la certitude que tu vas la recevoir.

Je t'adore xxx

En demeurant en éveil, au fil du temps, mes croyances se façonnaient. La vie me répondait...

À deux ans et demi, un certain soir, Émy me surprit avec une belle métaphore : « J'ai hâte d'aller voir mon papa. » Sans penser, je m'empressai de lui répondre : « Tu ne peux pas aller rejoindre ton papa maintenant, ma belle.

– Je le sais. Pour y aller, il faut passer sur le pont d'Avignon et il est trop long, le pont d'Avignon », me dit-elle, d'un air désappointé.

Où avait-elle pris cette idée ? J'essayai d'en savoir plus : « Pour aller où ?

– Là où il y a plein de fleurs. Papa, il est là. »

Aucun doute ne se laissait lire dans ses dires ni dans son visage. Sur un ton impératif, elle conclut : « Quand je vais être grande, je vais aller le voir, mon papa. »

Je lui suggérai pour le moment d'aller le rejoindre dans ses rêves : « Si tu le vois durant ton sommeil, ma belle puce, dis-lui que je l'aime. »

Tout me laisse croire qu'en bas âge, mes filles percevaient parfois leur père. D'ailleurs, Ève raconte encore ouvertement, aujourd'hui, un événement qu'elle n'oubliera jamais : « Lorsque j'étais petite, j'ai vu mon père. En montant dans l'escalier, je l'ai aperçu. J'ai eu si peur que je suis tombée. J'ai déboulé toutes les marches de l'escalier. »

Andrée m'avait dit, lors de notre première rencontre, que j'étais convoquée à des enseignements de haut niveau. Doucement, j'ouvrais mes œillères. Disons que l'on m'y aidait grandement.

Un pont avec l'au-delà

Juste avant les fêtes, Marie-France m'avait fait découvrir l'existence de quelqu'un de bien spécial, une messagère de l'au-delà. En mettant à profit ses talents de médium, elle se faisait interprète et pont entre le monde des morts et celui des vivants. Elle soignait les blessures invisibles mais douloureuses de centaines de personnes en deuil.

Marie-France avait eu la chance de rencontrer cette dame. Son mari décédé dans un accident de voiture avait communiqué avec elle par la voie de Marjolaine. Marie-France avait eu la générosité de me raconter les moments forts de cet entretien : « Ce jour-là, c'était l'anniversaire du décès de mon grand-père. En route, je pensais beaucoup à lui. Dès que je suis entrée dans son bureau, Marjolaine m'a dit : " Ton conjoint est là, mais un vieil homme est aussi venu te faire un clin d'œil. Il veut simplement que tu saches que tu as toujours été sa préférée. " J'en avais les larmes aux yeux. Puis, à l'aide de sa plume, Marjolaine a établi le pont entre Éric et moi. Lorsqu'Éric a dit à Marjolaine que je portais son alliance dans ma main droite, j'ai eu la certitude que c'était bien lui. Comment Marjolaine aurait-elle pu affirmer par elle-même que c'était son alliance alors que je l'avais fait rapetisser et que je la portais dans une autre main, dans un autre doigt ? Dans le message, Éric me disait aussi qu'il serait toujours là pour « coacher » notre autre fils Éric-Olivier.

Chapitre 6 Que de forces elle nous prodigue !

Devant mon brin de scepticisme, Marie-France me suggéra de lire le livre d'une journaliste qui raconte son expérience avec cette messagère. Cette lecture ne fit pas qu'accroître ma curiosité ; elle actualisa mon désir d'entrer de nouveau en contact avec Sylvain.

Je téléphonai à Marjolaine pour la rencontrer, mais c'est avec regret que j'appris qu'elle ne prenait plus de rendez-vous. Son agenda était complet pour toute l'année à venir, car elle consacrait maintenant une plus grande partie de son temps à l'écriture.

Devant l'impossibilité d'une rencontre, j'achetai ses livres. Au début du printemps, une fois mes lectures terminées, je reçus un appel : une place dans l'agenda de Marjolaine s'était libérée. Elle pouvait me rencontrer le jeudi suivant dans son bureau en Estrie.

Mon amour, vas-tu être au rendez-vous ? Est-ce que je t'empêche de remplir tes nouvelles missions en voulant toujours demeurer en contact avec toi ? [...]

En me relisant, je réalise à quel point mes attentes étaient grandes.

Le jeudi matin, malgré la longue route, j'arrivai en avance à mon rendez-vous. Dans la salle d'attente, je m'installai et je me plongeai dans mon livre du moment. Durant ma lecture, une question occupait continuellement mon esprit : Sylvain était-il mon âme sœur ?

À dix heures trente, heure fixée, enfin, une porte s'ouvrit. Marjolaine m'invita à entrer. « Tu connais Sylvie ? » me demanda-t-elle. En regardant la couverture du livre que je tenais encore entre mes mains, je compris qu'elle me parlait de l'auteure. Elle avait l'air de bien la connaître. Je me souvenais très bien de l'achat de ce livre. J'avais simplement eu envie de me procurer un nouveau livre et, au hasard, dans la section ésotérique d'une librairie, j'étais tombée sur *Les âmes sœurs*. Le titre m'avait plu et je l'avais acheté.

Une fois bien assise, Marjolaine me dit : « Un homme est dans la pièce. Votre père est-il décédé ?

– Non, répondis-je.

– Votre mari ? »

J'acquiesçai d'un signe de tête.

« Je vous sens abandonnée par votre père, et ce, en très bas âge. Votre père a-t-il été absent ? »

Mon père avait effectivement été absent puisqu'il naviguait de longues périodes durant les premières années de mon enfance.

« Votre mari a été votre père dans une autre vie. Lorsque vous l'avez rencontré, votre âme l'a reconnu. Cela a dû être le coup de foudre, une évidence. »

Elle ne pouvait dire plus vrai.

« Votre mari est votre âme sœur, c'est évident. »

Tenant mon livre toujours sous le bras, je lui avais peut-être insufflé mon questionnement.

« Il est plus vieux que vous, peut-être même de dix ans. Quel âge aurait-il ? »

Pendant que dans ma tête je comptais les années, elle avança 42 ans. C'était vrai. Sylvain aurait eu 42 ans au mois d'août dernier. Les larmes me montèrent aux yeux.

« Une larme coule aussi sur sa joue. Il veut vous dire qu'il est désolé. Il semble plein de remords et de regrets. »

Dans mon cœur, je murmurai à Sylvain : « Je te pardonne d'être parti ce matin-là. Je t'aimais comme tu étais, peu importe où tu étais, peu importe les choix que tu faisais. »

Elle me posa cette question : « Est-ce un suicide ?

– Non, un accident d'avion, lui répondis-je sans penser. Je n'étais déjà plus *en mode* test.

– Il me dit de vous dire qu'il a eu peur. Il a eu le temps de penser à vous avant l'accident, mais son cœur a vite lâché, il est sorti de son corps avant l'écrasement. Il n'a pas souffert. C'était un bel homme, n'est-ce pas ? »

J'acquiesçai une fois de plus.

« Il est beau, grand et très robuste. Il se tient la tête un peu sur le côté et il se frotte le menton. »

La description était parfaite. Dans ma tête je le revoyais aisément.

« Il dit qu'il regrette de ne pas avoir été assez présent à la maison et surtout pas assez ouvert d'esprit. Il ne serait pas venu me voir de son vivant. Sa position des bras croisés me l'indique. »

Mêmes propos qu'Andrée au sujet de son ouverture consciente, pensais-je.

« Votre passage ensemble fut court. Il me dit sept ans », affirma-t-elle.

C'était tout à fait exact.

« Malgré les apparences, c'est un homme très doux. Il est plein de compassion. Laisse couler tes larmes, tu y as droit, il comprend ta peine. »

Elle continua de me parler de Sylvain puis elle me demanda de m'allonger et de me détendre. Le moment tant attendu était enfin arrivé.

« Sylvain préfère t'écrire, c'est pour cela qu'il m'a choisie. C'est quelqu'un qui s'exprimait bien par écrit. »

J'avais toujours envié sa plume.

Elle se mit à écrire, puis elle me dit : « Repose-toi et, surtout, ne fais pas travailler ton mental. Ça va bien, ton âme est assurément reliée à nous. »

Couchée sur le canapé, je ressentais beaucoup d'émotions. À certains moments, sans vraiment savoir pourquoi, je pleurais. Une fois l'écriture terminée, elle me demanda si je voulais qu'elle me lise la lettre ou si je préférais en faire la lecture seule. Je lui permis de me la lire. Elle commença la première phrase, puis elle s'arrêta : « Il me demande d'arrêter, il veut que tu la lises toi-même. »

Elle me remit la feuille, puis elle quitta la pièce. Seule dans le silence, mot après mot, je lus la lettre :

« À toi, mon bel amour, le soleil de ma vie,

» Je t'aime tant. Si tu savais... N'en doute pas. OK ?

» Je te vois souffrir, Sonia, et je ne veux qu'une chose, ici, ce matin... Mettre un baume, calmer ta brûlure, car je sais ce que tu as ressenti dans ton cœur quand tu as appris la nouvelle. Une brûlure à l'âme ! Ah ! Si tu savais à quel point je regrette d'avoir été aussi borné et fermé spirituellement. Sans rien dire, je te défendais d'aborder ces sujets que je jugeais ridicules. Quel ego, cher Sylvain... Quelle ignorance aussi ! Je dois me pardonner, mon amour, parce que vois-tu, même si j'étais resté de ce monde, un jour, il aurait fallu nous séparer, car je t'aurais empêchée d'avancer, de grandir et d'ouvrir tes ailes. Tu as une longueur d'avance sur moi en tant qu'âme... Crois-moi ! Si tu savais tout ce que j'ai appris avec toi. Tu es une grande dame. Ne l'oublie jamais, et toi aussi, tu viendras en aide aux gens qui traversent des passages.

» Comme tu peux le constater, j'ai laissé tomber mes œillères ! Je veux te dire que j'ai eu un pressentiment à l'embarquement, un malaise comme je n'ai jamais eu avant... Mais vite, j'ai fait taire cette peur. Comme toujours, je l'ai rationalisée et rangée dans un tiroir. Cependant, je n'ai pas arrêté de penser à toi. J'avais tellement hâte de rentrer, de te prendre, de te faire l'amour... C'était comme si je me sentais déjà "ailleurs". J'ai perdu mes repères assez rapidement. Tout est allé très vite et mon cœur a éclaté avant l'écrasement. Ne pense plus à cela. La souffrance est déjà assez grande, mon amour.

» La lumière est apparue devant moi et tu étais là. Comme une fée, une princesse, un ange. Au bout du couloir, tu souriais tendrement et tu tendais les bras en me disant : "Laisse-toi prendre, laisse la lumière t'amener ! Je vais être correcte."

» Cette partie de toi, je la comprends maintenant. C'était ton âme, ton corps de lumière et là, ma chérie, j'ai compris que j'étais

décédé et que la vie continue après la mort. J'ai rencontré mes guides et j'ai négocié un contrat avec eux... Je leur ai dit que j'accepterais de franchir la "porte" de lumière le jour où je saurais que tu es vraiment heureuse. Voilà pourquoi je t'ai amenée ici ce matin. J'ai des connexions parce que je t'avoue qu'il m'a fallu tirer quelques ficelles pour avoir ce rendez-vous ! Mais tu me connais... Ce que je veux, je l'obtiens ! Donc, nous partons d'ici, Sonia, pour nous libérer tous les deux. Par la force et la puissance de l'amour inconditionnel, je sais que nous allons y arriver.

» Je mets des lectures, des personnes, des oiseaux sur ta route pour te donner signe de vie. Je te demande simplement de me pardonner d'être parti si vite. Je veux que tu saches que la mort ne nous sépare pas et que je serai toujours là pour toi, pour te propulser à mon tour.

» Je t'attendrai. Dans le couloir, tu me reconnaîtras. Je t'offrirai des orchidées en symbole de la pureté et de la beauté de ton âme. Et je t'épouserai de nouveau, sans hésiter.

» Je te ferai danser dans la lumière. Tu as été la femme de ma vie tant de fois ! Je sais que ça te fait drôle de m'entendre parler ce langage... C'est la bonne nouvelle ! Je suis conscient.

» Je t'aime pour l'éternité.

» Sylvain xxx »

Quelle belle lettre ! Quel beau cadeau ! Quel privilège !

J'avais encore les yeux dans l'eau et j'étais encore en pleine réflexion lorsque Marjolaine revint : « C'est une nouvelle vie qui commence pour vous. Sylvain et toi devez guérir ensemble. »

Elle m'expliqua un peu plus : « La plupart du temps, les âmes défuntes reviennent par mon canal pour dire aux gens qu'elles les aiment et qu'elles les attendent. Dans votre cas, c'est différent. Vos âmes, sur deux plans différents, doivent continuer leur évolution ensemble. Vous êtes encore en partie sous le choc, vous avez besoin de continuer d'échanger. Fais-toi confiance. Continue de lui écrire, réponds à sa lettre et écoute ses messages. Écris ce qu'il te dit. Ça ne sera pas facile, mais tu peux y arriver. Donne une voix à Sylvain. Il te faudra lire et relire plusieurs fois cette lettre afin de tout comprendre. »

Je pris le temps de relire la lettre. Tout avait du sens. Seulement, il ne me parlait pas des filles. Ça ne lui ressemble pas et ça me laissait perplexe. Je posai donc à Marjolaine la question qui restait sans réponse : « Pourquoi ne me parle-t-il pas des enfants ?

– Tu me devances. Je sais que vous avez deux enfants. Une fille et un garçon. Non, attends, le deuxième enfant, c'est aussi une fille. Elle a vraiment un coté yang, elle doit beaucoup ressembler à son père, un peu physiquement, mais surtout dans sa façon d'être tandis que l'autre, celle qui a cinq ans, aime plaire à tout le monde, tout comme lui d'ailleurs. »

Elle ne pouvait dire plus vrai.

« Sylvain ne veut pas parler des enfants ce matin. Ce n'est pas au menu. Il me dit que vos filles sont correctes et qu'il s'en occupe. C'est toi qui l'inquiètes. »

Elle poursuivit en m'expliquant que je devais guérir les blessures de mon passé et renouer avec l'enfant en moi : « Tu dois te déprogrammer. Reste ouverte, donne-toi du temps, tu as beaucoup de colère à évacuer. Tu sais, Sylvie Petitpas, l'auteure du livre que tu lis, accompagne des personnes avec la kinésiologie de reprogrammation. Un bon travail avec elle pourrait t'aider. Joins-la et dis-lui que je te dirige vers elle. »

Elle termina notre entretien en me disant : « C'est vraiment lui qui mène. Pour obtenir ce rendez-vous, il a durement négocié, mais ce qu'il veut, il finit toujours par l'avoir. Il est un homme fort déterminé, il croit beaucoup en ses moyens et il est extrêmement intelligent. »

Comme Andrée, Marjolaine avait détecté la force de caractère de Sylvain. Qui d'autre de son vivant pouvait prétendre avoir l'impression de pouvoir déplacer des montagnes ?

Une fois la rencontre terminée, j'allai m'installer dans un parc pour écrire et décanter un peu tout ce que je venais d'entendre.

Sylvain,

Merci d'avoir été au rendez-vous. Je suis contente de savoir que tu demeures à mes côtés, même si je me sens un peu confuse. J'espérais être guérie, mais cette rencontre me fait réaliser à quel point j'ai encore mal. Pour me faire face ainsi au-delà de l'image que je dégage, tu es sûrement mon âme sœur. Nous avons encore plusieurs choses à apprendre ensemble ! À première vue, ce n'est pas trop excitant. C'est comme si l'on me disait que j'entrais en thérapie, une thérapie dont je serai tantôt la patiente, tantôt la thérapeute, où le tout se déroulera sans communication verbale, entre deux âmes séparées par deux mondes. Je veux bien guérir avec toi, mais j'ai peur d'ouvrir le canal. C'est simple de comprendre le message, mais je t'avoue que la mise en application demeure un mystère pour moi. Comprends ma confusion. [...]

Je relus plusieurs fois la lettre et j'écrivis longtemps. Avant de reprendre la route, je m'arrêtai au marché pour acheter quelques produits du terroir. À peine la première allée parcourue, en levant la tête, j'y croisai le regard de Marjolaine qui me souriait en se tenant face à moi : « Tu as l'air sereine, mais tu dois aussi te sentir épuisée. Prends le temps de bien te reposer. Je suis certaine que l'on va se revoir. »

J'en profitai pour lui demander les coordonnées de Sylvie Petitpas, puisque dans tous mes états, à la fin de la rencontre, j'avais oublié de le faire.

C'est dans un état de grande fatigue, mais aussi de plénitude, que je repris la route vers Québec.

Peu de temps après, comme me l'avait conseillé Marjolaine, j'entrai en contact avec Sylvie. Son approche permettait de décoder des croyances et des émotions parfois enfouies depuis longtemps et de faire des liens avec ma situation actuelle.

Comme elle habitait en Estrie, c'est par conversation téléphonique que j'échangeais avec elle. Sylvie m'a aidée à prendre conscience des mécanismes de survie que j'avais mis en place autrefois et qui avaient refait surface avec le deuil que je vivais. Je n'ai jamais compris comment elle arrivait à m'exposer autant d'informations véridiques sans me connaître. C'est encore un mystère pour moi, mais l'important résidait dans le fait que ça m'aidait à mieux me comprendre. De toute façon, avec toutes les manifestations reçues, je cherchais de moins en moins à tout expliquer rationnellement. Je souhaitais des résultats, un bien-être. Sylvie m'aidait à entrer davantage en contact avec mon inconscient et à démystifier plusieurs fausses programmations. Elle m'aida à renouer avec l'enfant en moi.

✎ *[...] Selon Sylvie, ma mission ici est de créer et de devenir plus autonome, mais, malheureusement, je ne sais pas encore que j'ai cette capacité. Elle me dit que tu dois aussi retrouver ton autonomie, laisser aller ton personnage d'homme fort et sortir de ton rôle de protecteur pour poursuivre ton chemin vers la lumière. Elle me suggère de te dire souvent que tout est correct et que j'avance à mon rythme, même si c'est encore difficile par moments. La plus belle façon de t'aider, c'est de te demander d'aller vers la lumière pour pouvoir me la transmettre. Selon elle, pour nous libérer, il faut accroître la connaissance que nous avons de nous-mêmes et retrouver notre essence propre.*

C'était le début d'un long travail. J'ai eu la chance d'obtenir quelques rendez-vous téléphoniques avec Sylvie, avant que, tout comme Marjolaine, elle cesse toutes rencontres individuelles pour écrire et travailler avec des groupes. Ses livres me donnèrent de précieux outils et j'ai pu, par la suite, poursuivre ma démarche dans certains de ses ateliers. J'y constatai alors la puissance du soutien transmis par l'énergie d'un groupe qui accueille et comprend sans jugement.

Passer à l'action

Tout en poursuivant mon travail de reprogrammation, je m'engageais timidement sur le chemin de l'autonomie. Doucement, un pas à la fois, j'avançais. Seule, sans Sylvain, je réalisai certains projets convoités, laissés en plan.

Ainsi, en ce début du mois de mai 2005, alors qu'à Charlotte, les autorités s'excusaient devant les familles des victimes qui avaient voulu s'y rendre, avec mes trésors, je serpentais le canal du Midi en France. Avec leur grand cœur, mes amis Jean-Marc et Rachel m'avaient plusieurs fois relancée pour ce voyage en péniche que nous avions ensemble envisagé avant le décès de Sylvain. Le fait de devoir surveiller les filles sur un petit bateau et les traîner derrière mon vélo, sans compter le long vol et le décalage horaire m'avaient au départ apeurée, mais j'avais finalement accepté.

Lorsque l'on m'avait par la suite informée que des excuses publiques auraient enfin lieu à la suite de la demande d'une famille des victimes, je n'ai même pas hésité. Je reconnaissais l'importance de cette première aux États-Unis et j'admire beaucoup les gens qui ont pris ces initiatives, mais pour moi, ça faisait partie du passé. Spontanément, j'avais pardonné et, enfin, j'avais envie de regarder en avant en commençant par vivre ce qui se présentait maintenant.

Mes longues courses matinales le long du canal, sous les platanes, me firent un bien immense.

Sylvain, si tu nous vois, tu dois sûrement sourire.

Sur la péniche, malgré l'espace restreint, Ève et Émy s'inventaient des jeux de rôle. De temps en temps, nous prenions une pause dans des parcs pour qu'elles se balancent. Lorsque nous roulions à vélo, bien installées dans la remorque derrière moi, elles contemplaient pendant des heures les paysages qui se défilaient sous leurs yeux. Lorsque nous arrêtions dans les caves à vins pour déguster quelques grands crus, elles dessinaient ou jouaient avec des riens. Le soir, elles aimaient écouter Jean-Marc jouer de la guitare.

Chaque matin, après être allé chercher, pour les petites gourmandes, des croissants et chocolatines directement sortis du four dans une des pâtisseries des environs, Jean-Marc attendait leur réveil. À ma grande surprise, à trois et à cinq ans, Émy et Ève étaient déjà d'excellentes voyageuses et elles s'adaptaient facilement à l'horaire des grands.

Mon compagnon de vie m'avait facilité l'accessibilité aux voyages, mais de toute évidence, le désir de découvrir le monde m'avait toujours habitée et il ne m'avait pas quittée. Je devais, bien entendu, ajuster un peu mes déplacements pour garder le tout simple et reposant pour les enfants, mais j'étais heureuse de constater que tout était encore possible.

Même si voyager et faire du sport faisaient partie de mes plus grandes passions, le désir de m'accomplir à nouveau sur le plan professionnel refit surface. Je ne rêvais plus de bâtir une multinationale, mais je voulais au moins collaborer d'une quelconque façon à rendre le monde meilleur.

À l'automne 2005, je décidai donc de compléter ma maîtrise en réalisant un long travail en tutorat, où je démontrai l'utilité des connaissances acquises en gestion de projet, à travers une situation de vie qui était la mienne.

Changer de décor

Un certain après-midi où je n'arrivais pas à me concentrer sur mon travail, où malgré le beau soleil, j'avais un peu le cafard, je me rendis au cimetière. Installée dans l'herbe, je méditai longuement.

Puis, mon journal sur les genoux, j'ai écrit à Sylvain.

Je regarde le dessin sur ta pierre tombale et j'ai l'impression qu'il y a longtemps que je me vois comme je suis maintenant ; tête penchée, cou un peu replié et les épaules affaissées par la lourdeur de ce qui t'est arrivé. Par la main, je tiens les puces qui frivolement se promènent dans l'herbe. On voit leurs pieds. Elles avancent. Les miens ne sont pas visibles. Ils semblent enfoncés dans le sol. Pendant que les enfants cherchent des fleurs, je regarde le voilier qui s'en va. Je me sens impuissante, je reste immobile. Je ne veux pas qu'il s'éloigne. Je voudrais embarquer sur le pont et partir pour l'autre rive, mais je me résigne. Les puces ont besoin que je leur tienne la main. J'aimerais sourire, mais mon visage n'est pas défini, je dois cacher tant de choses. Je constate que les visages des enfants ne sont pas dessinés non plus. Elles dissimulent aussi parfois leurs émotions pour se montrer solides. C'est ce qu'elles ont appris...

Il est temps que je dégage mes pieds, que les visages prennent forme et que le décor change.

Je dois laisser derrière ce qui ne me sert plus, puis ouvrir grands les yeux pour voir le monde différemment. En souriant à la vie, je pourrai alors avancer avec confiance sur la terre ferme.

Je rêvais déjà depuis un bon moment d'une belle vue sur le lac. En joggant, je surveillais les terrains à vendre. J'ai visité quelques maisons, mais rien ne me convenait. Puis, un matin, j'ai remarqué une pancarte devant le chalet que Sylvain et moi avions habité à nos débuts. Comme la municipalité imposait beaucoup de règles pour l'agrandir ou le mettre à terre et le rebâtir, j'ai passé tellement d'heures à évaluer les différentes possibilités que j'ai perdu l'occasion.

L'automne avant l'accident, Sylvain et moi avions remarqué, un peu plus haut dans notre quartier, une belle maison à vendre. Toujours bien occupés dans le quotidien, quelques jours et peut-être même quelques semaines plus tard, nous avions téléphoné à l'agent immobilier. Hélas, la demeure était déjà vendue. Et voilà que trois automnes plus tard, je remarquai qu'elle était de nouveau à vendre.

Cette fois, je passai rapidement à l'action en demandant une visite. La vue sur le lac et les montagnes était encore plus merveilleuse que je le croyais. J'aimais les plafonds hauts, la fenestration, l'ensoleillement et la grande cour intime. Toutes les pièces étaient parfaites : un bureau avec vue imprenable, une cuisine chaleureuse, une grande salle à manger avec plafond cathédrale et vue, une immense salle de jeu, puis une pièce isolée pour un cinéma maison, une mezzanine pour une salle de lecture ou un second bureau, quatre chambres à coucher, quatre salles de bain et même une cave à vins. Une maison très spacieuse, beaucoup trop grande pour trois, mais comme Pierre venait souvent à la maison avec ses deux grands garçons, rien ne m'apparaissait trop grand.

Deux visites, une offre et la maison était à moi.

Quelques mois après le décès de Sylvain, j'avais rêvé à une maison aux grandes fenêtres à travers lesquelles on voyait le lac. La ressemblance était frappante. J'avais visualisé l'intérieur avant même de visiter cette maison. Andrée ne s'était pas trompée dans son interprétation de ce rêve ; Pierre avait assisté aux premiers pas d'Émy. J'avais acheté ensuite cette maison, mais je n'envisageais toujours pas, à court terme, d'y vivre avec lui.

Malheureusement, mon enthousiasme et mon ouverture à parler à Pierre de ma nouvelle maison et de toutes mes idées pour l'embellir ne le laissèrent pas sans illusion. Même Ève, qui gardait normalement ses distances, me lança quelques jours après l'achat : « Maman, ce serait bien que les garçons viennent vivre avec nous dans la nouvelle maison ?

– Pourquoi ? demandais-je.

– Parce qu'à quatre, ça va plus vite pour faire des châteaux de sable ! »

Je fis semblant de ne pas trop comprendre ce qu'elle sous-entendait.

Je ne déménageais pas seule pour jouer à l'indépendante, car dans ce domaine, j'excellais déjà. Je voulais simplement me donner de l'espace, mais il était difficile de faire taire le sentiment de culpabilité qui m'habitait.

En décembre, je terminai mon projet d'étude. On me félicita pour mon travail peu orthodoxe et l'on me demanda même d'en faire une présentation à tous les autres étudiants de la faculté. Avec cette étude de cas, lequel se voulait pourtant cartésien, j'en fis pleurer plusieurs. Tout comme ma personnalité, ma vision du projet changeait. Il y avait désormais plus de place pour la libre expression, tout en conservant les principaux éléments d'une saine gestion.

C'est après les fêtes, par courrier, que je reçus mon diplôme de maîtrise. Je ne m'étais pas présentée à la soirée de remise des diplômes, car je crois que le regard admirateur de Sylvain m'aurait trop manqué. Sans que je cherche, quelques possibilités d'emplois se sont présentées, mais je les ai toutes refusées. J'avais besoin de défis, mais aussi de flexibilité dans mes horaires, ce qui n'allait pas nécessairement de pair. Je n'étais finalement peut-être pas aussi prête à retourner sur le marché du travail que je le croyais...

Juste avant la prise de possession de ma nouvelle maison prévue pour le printemps, je rêvai à nouveau. Sylvain revenait peindre l'intérieur de notre demeure en blanc pour que tout soit parfait avant son départ. J'essayai de lui dire que c'était inutile. Ma décision était prise, je vendais. Linda, cette thérapeute avec qui j'aimais bien échanger, interprétait mon rêve ainsi : « Sylvain est là pour t'aider à repartir à nouveau. Il peint en blanc, car il veut que tu te branches à ton âme. Tout est en place. »

Ménage intérieur

C'est avec les filles jouant au travers des boîtes que j'emballai tous mes avoirs. Faire du ménage à l'extérieur me permettait d'en faire à l'intérieur de moi. En préparant ma nouvelle maison, je me préparais en quelque sorte à ma nouvelle vie.

Je pris un plaisir fou à sélectionner les couleurs et la décoration. Je m'amusai même à superviser les travaux prévus pour embellir et personnaliser ce que les filles appelaient « notre château ». Me gâter et choisir pour mes filles et moi me faisait du bien.

Après avoir mis Émy au monde, avoir assuré notre sécurité matérielle en réglant avec la compagnie aérienne et avoir complété plusieurs projets en plan, j'aurais dû me sentir enfin soulagée dans mon nouveau chez-nous. C'est pourtant à ce moment que je m'effondrai. Plus rien n'occupait suffisamment mon esprit pour que je puisse feindre ce que je ressentais à l'intérieur.

J'utilisai plusieurs exercices de visualisation pour éliminer de mauvaises programmations. On ne m'avait pas abandonnée, mais c'est ainsi que je m'étais souvent sentie, et ce, dès les premiers jours de ma vie. Sylvain avait été mon sauveur. J'avais cru qu'il serait toujours auprès de moi. Comme me l'avait dit Marjolaine, son départ fut comme une brûlure à l'âme, une brûlure venant éveiller une multitude de sentiments refoulés.

J'en veux au monde entier. Je me sens en colère contre tout et contre rien. J'aimerais ne plus écrire dans ce journal, ne plus devoir évacuer de telles émotions à un livre, de peur de blesser quelqu'un ou à défaut de me sentir seule. Je veux vivre sans toute cette lourdeur que je traîne.

Chapitre 6 ~ Que de forces elle nous prodigue !

Mon ménage intérieur s'est prolongé au-delà de la première année dans ma nouvelle maison. Propice à la méditation, la vue sur les montagnes, le lac et l'horizon m'a bien servie.

J'ai toujours gardé espoir, même si parfois j'étais dans l'ombre. J'ai dû fermer des portes autour de moi. Je n'avais plus d'énergie pour être à l'écoute des autres et je voulais fusiller tous ceux qui me gratifiaient d'être forte. J'avais même du mal à supporter la présence de ma famille. Personne ne semblait me comprendre.

Mon humeur était instable. Je me sentais de moins en moins patiente envers les filles et, bien entendu, ma relation avec Pierre se détériorait. On me conseilla de prendre des vacances seule, loin des enfants, pour me distraire et me reposer un peu.

Sur un coup de tête, j'achetai un billet d'avion pour une semaine à Paris. Alors que mon entourage me félicitait, je fus prise de panique. Je ne voulais pas quitter les enfants. Puis, je me raisonnai ; Sylvain et moi nous étions promis de les laisser au moins une à deux semaines chaque année. Deux jours avant mon départ, Pierre m'offrit de nouveau de m'accompagner et, cette fois, j'acceptai.

D'humeur toujours aussi changeante, je n'avais plus envie de la diversion des musées. Je souhaitais plutôt prendre contact avec la nature et découvrir de nouveaux paysages. En arrivant à Paris, je regardai la météo. On annonçait plus de soleil à l'ouest qu'à l'est. Nous nous sommes donc dirigés vers les montagnes d'Alsace. Loin du quotidien, je m'amusai un peu, mais les conflits avec Pierre demeuraient.

Mon plus beau souvenir, c'est l'accueil de mes puces à notre retour à l'aéroport. Derrière la vitrine, Émy sautait et frappait des mains, alors qu'Ève courait à ma rencontre. Pendant plusieurs heures, Ève nous raconta sa semaine avec ses grands-parents et la famille, alors qu'Émy se promenait entre mes bras et ceux de Pierre. Elles étaient si heureuses, si pleines d'amour. Je compris dès lors que même si je n'étais pas toujours à leurs côtés, j'étais et je serais toujours leur maman chérie.

Depuis le déménagement, les mésententes entre Pierre et moi étaient de plus en plus fréquentes. Nous remettions toujours tout en question. Nous ne nous comprenions plus. Il faut dire que je ne me comprenais pas toujours moi-même, mais je trouvais que nous nous blessions inutilement et qu'il était malsain de continuer ainsi. Je ne le blâmais pas de mon « mal d'être », mais j'avais besoin de temps et d'espace pour faire mon grand ménage.

Une autre *séparation* s'imposait. Juste d'écrire le mot, j'en ai encore des frissons. Même si dans ma tête je savais ce que je devais faire, émotivement, ce n'était pas si facile. Pierre était mon ami. Il m'avait épaulée et il avait réussi à toucher mon cœur, malgré toutes les écorchures et les pansements, moi qui avais peur de ne plus jamais aimer. Puis, il était un père extraordinaire pour ses garçons, mais aussi pour mes filles. Je souhaitais de tout mon cœur que tous me pardonnent.

Je pris soin d'annoncer à Pierre ma décision sur un terrain neutre. C'est en pleurant, en riant et en faisant l'amour que nous avons renoncé à notre union. Je crois qu'au plus profond de nos âmes, lui comme moi savions que ce n'était qu'un passage, mais il était difficile d'y mettre fin.

Le soir venu, Émy me demanda si Pierre arriverait dans la nuit : « Dis-lui de venir me donner des bisous. »

J'expliquai aux filles que Pierre ne viendrait plus dormir à la maison. Nous avions convenu de redevenir simplement des amis.

« Pierre, il te dit des mensonges. Moi, je sais qu'il t'aime, maman. »

Pierre m'avait proposé de venir les border, mais j'avais refusé. J'avais besoin d'un peu de recul. J'espérais toutefois qu'il me réitère l'offre et qu'il accepte de revoir les filles. J'avais tellement de peine de leur imposer cette séparation. Elles n'avaient pas choisi ce qui se passait. Comme je l'avais anticipé, Pierre et moi, nous nous sommes revus souvent. Il n'était pas facile de revenir en arrière, de passer du statut d'amoureux à celui d'amis.

Mal de vivre, deuil, dépression, peine d'amour... Je ne savais plus ce que je vivais, mais je me sentais mal. J'avais de la misère à me lever le matin et je n'avais plus le goût de rien faire ni de voir personne. J'avais de nouveau l'impression de ne vivre que pour mes enfants. Lorsqu'Ève était à l'école, j'allais mener Émy à la garderie et je passais des heures dans mon lit, la tête vide. Je n'arrivais plus à dormir, et ce, malgré les somnifères prescrits par mon médecin.

Je me sens devant le néant. Je voulais me chercher un nouveau travail, mais j'ai reporté mes démarches. J'avais besoin de changer de décor. Je suis déménagée. Ma relation de couple ne m'aidait pas à me sentir quelqu'un de meilleur et je n'étais pas fière de la façon dont je la vivais. J'y ai donc mis fin. Pourtant, je ne me sens pas mieux. Plus que jamais, je ressens le vide, la solitude et la peur.

Heureusement, j'avais encore la passion, « cette flamme qui ne s'éteint jamais[7] ». Le souvenir de Sylvain et l'amour de mes enfants m'empêchaient de me laisser aller. J'avais longtemps refusé les antidépresseurs, mais là, j'étais prête et déterminée à utiliser tous les outils possibles.

Du soleil derrière les nuages

C'est à l'automne 2006 que je reçus, dans ma boîte courriel, une invitation de Marjolaine, cette messagère de l'au-delà, pour un atelier qui portait sur *l'amour après la mort.*

Avant de participer à son atelier, Marjolaine recommandait la lecture d'un de ses livres. Ne trouvant plus ce livre dans ma bibliothèque, je sortis ses autres ouvrages. Au hasard, je tombai sur *La légende de l'échelle d'or*, une magnifique légende qui raconte l'histoire d'une petite fille qui se rendait chaque jour au centre de sa ville pour y caresser son rêve, soit monter sur le toit d'un magnifique gratte-ciel :

7. Extrait de la chanson *Donnez-lui la passion* de Lynda Lemay.

« Un jour, comme chaque jour alors qu'elle se rendait en ville, cette petite fille demande à l'homme qui la regardait : "Qu'est-ce que vous faites ? Qui êtes-vous ?

– J'essaie de voir ce que tu regardes avec autant d'émerveillement ?

– Pourquoi vous ?

– Parce que je suis un ange, ton ange, et je suis là pour t'aider à réaliser tes rêves.

– Tu ne peux pas être un ange, tu n'as pas d'ailes.

– Oh, mes ailes ? Voilà, je suis parti un peu en vitesse ce matin et je les ai oubliées sur mon lit."

» Elle demeure sceptique...

"Elle est où ta maison ?

– Ça, je ne peux pas te le dire maintenant."

» La petite fille décide de lui confier son secret. En fixant le toit de l'édifice, elle lui explique qu'elle rêve d'atteindre le sommet pour y voir la vie de plus haut. À peine a-t-elle fini d'ouvrir son cœur à cet étranger qu'elle se retourne et réalise qu'il n'est plus là. Quelques instants après, elle le voit réapparaître, tenant sous son bras une échelle en or massif.

"Tu es prête ?

– Non, mais ça ne va pas, je ne serai pas capable."

» L'ange lui explique que cette échelle est faite pour elle, sur mesure. Il l'accompagnera dans son ascension : "Lorsque tu seras au milieu de ta montée, tu ne me verras plus et pourtant, je serai là. Tu ne m'entendras plus et j'aurai aussi peine à t'entendre. Tu devras me faire confiance. Ne regarde pas en bas ni en arrière. Conserve bien ton énergie pour aller de l'avant. Fais confiance et n'oublie pas que 'l'échelle d'or' est faite pour toi, sur mesure. Ton rêve est au bout de cette échelle.

– J'y vais... Je compte sur toi. Ne me laisse pas tomber, d'accord ?

– Merci !

– Mais pourquoi me remercies-tu ?"

» Comme on peut le prévoir, au milieu de son ascension, la petite fille prend panique. Elle a froid, elle a peur.

» À ce moment, à travers ses larmes, elle entend une voix qui n'est pas la voix de l'ange : "Je suis là... Accroche-toi à moi, ne te crispe pas... fais confiance...

– Qui es-tu ?

– Ton échelle, le créateur de tes rêves. Toi et moi, nous sommes un, je suis ce que les gens de la terre appellent Dieu. Je suis l'échelle en or massif sur laquelle tu peux toujours compter. Va à ton rythme pour parvenir au bout de ton ascension."

» Les dernières marches sont dès lors plus douces et plus aisées à franchir. La petite fille a acquis la connaissance, et son cœur d'enfant a pris contact avec l'intelligence divine. Du haut de son échelle, alors qu'elle goûte la joie d'être si près du ciel, une pensée lui vint à l'esprit : "Où est l'ange ?"

» Ce dernier réapparaît soudainement, il lui dit qu'il était allé récupérer chez lui ses ailes pour venir la rejoindre : "Je vais te dire ce que je vois avec mon cœur d'enfant... D'abord, tu m'as menti, tu n'avais pas oublié tes ailes chez toi, tu les avais perdues. Tu les as récupérées en me redonnant confiance en moi. En me donnant mes ailes, tu as récupéré les tiennes."

» Maintenant, ce qui la pousse à se dépasser : devenir l'ange pour un jour tenir l'échelle d'une autre petite fille à la poursuite de son rêve. »

Comment avais-je fait pour oublier cette magnifique histoire ? Heureusement, alors que j'étais dans l'ombre, elle était retombée sous mes yeux, tout juste au bon moment.

Tard, cette nuit-là, presque à l'aube d'une nouvelle journée, dans un élan de gratitude, j'ai écrit à Marjolaine afin de la remercier pour ses enseignements. Voici les dernières lignes de mon message: *« Récemment, j'ai réalisé que je n'avais plus de rêves, plus de projets. Je n'étais pas fière de la façon dont je menais ma vie. Quelque chose me poussait à agir. J'ai amorcé des changements. […]*

» J'ai commencé à grimper dans l'échelle, mais très vite j'ai perdu mes repères. J'avais froid, j'avais peur. J'ai regardé en arrière. Je ne savais plus si je devais continuer ni même où je voulais aller. Je n'arrivais plus à sentir l'amour inconditionnel de mon mari, mon ange. Je me sentais totalement désorganisée et je ne savais plus où chercher.

» C'était pourtant si simple. J'avais seulement besoin de me rebrancher à mon âme et à Dieu.

» Votre histoire, celle de la légende de l'échelle d'or, m'a réconfortée. Elle m'a permis de mieux accepter ma peine, mes peurs, ma confusion et mon état d'insécurité. Une ouverture s'est créée, mes mains se sont relâchées et j'ai senti l'énergie.

» Je ne sais comment vous exprimer ma gratitude. Merci pour vos précieux enseignements.

» Sonia »

Quelques heures plus tard, à mon réveil, en ouvrant mon ordinateur, dans ma boîte de réception, je découvris un message intitulé *Tu es l'ange que Dieu a choisi ce matin*: *« Bonjour, Sonia, ton message me touche si profondément, tu n'as pas idée! Ce matin, j'ai prié et médité pour ma mission! J'ai demandé à ce que la lumière rejoigne le plus grand nombre de personnes et que l'instrument que je suis puisse servir par l'écriture, les conférences et les ateliers.*

» Tu es l'ange que Dieu a choisi pour venir me dire que tout est dans la bonne voie et que nous avançons tous, main dans la main, vers une vie meilleure, des amours nourrissants et que nous sommes dans notre chemin d'évolution.

» Sois fière de toi, Sonia, et accueille cette petite fille en toi qui cherche légitimement sa place et son bonheur!

» Je t'admire et je te dis de t'accrocher à ton échelle et à tes rêves. Sois certaine que ton ange Sylvain te soutient, même si tu ne le vois plus. Il t'attend! Lorsque ton ascension sera achevée et que ton âme aura accompli sa mission terrestre, tu rentreras à la Maison et ton bel amour t'accueillera et te fera danser dans la lumière !

» Voici donc le message que Sylvain t'envoie : "Mon amour, je veux que tu saches à quel point je suis fier de toi ! Mon amour t'accompagne à chaque pas, chaque jour, et je comprends ta difficulté à vivre sans ma présence physique ! Je t'aime inconditionnellement et pour l'éternité... Je te veux heureuse, mon amour, tu en es capable, tu vas y arriver ! Prends le temps d'être bien à l'intérieur de toi, d'écrire, de méditer et de t'amuser ! Tu as toujours été et tu seras toujours mon rayon de soleil ! Je ne souffre plus. Je suis bien, Sonia... Un jour, Dieu va nous réunir ! Tu as toujours eu une plus grande foi que moi. Maintenant, je suis là pour te redonner tout ce que tu m'as donné ! Ton mari qui te rapporte tes rêves ! Sylvain ! xxx"

» Mets ce message sur ton cœur et remercie la Source ! Je te l'offre en suivi à notre première rencontre. Comme je ne ferai plus de consultation individuelle, maintenant, tu pourras te faire confiance et capter toi-même les messages de ton amour.

» À travers mes livres, mes conférences et mes ateliers, je pourrai venir en aide au plus grand nombre et poursuive mon chemin d'évolution.

» Tu es bénie !

» Paix et amour !

» Marjolaine xxx »

Simplement, en écoutant mon cœur et en rendant grâce, je pouvais être un ange...

Dans l'heure qui suivit la réception de ce courriel, je vis aussi apparaître sur mon écran un message de mon ami Jean-Marc. Il me remerciait d'être sur son chemin. Puis, quelques minutes plus tard, un autre message rentrait dans ma boîte courriel. Il venait de Pierre. Ce dernier souhaitait mon bonheur, que ce soit avec ou sans lui. Il avait compris que me laisser m'éloigner, si telle était ma volonté, pouvait aussi être une preuve d'amour.

Ma gratitude était à son plein ! Cette journée-là, les nuages se dissipèrent et j'aperçus le soleil. Afin de sentir davantage la chaleur de ses rayons et de savourer encore plus le moment, j'allai me balader dans la nature. Je marchai des heures. Mes pas étaient légers, j'avais l'impression d'être portée. Tout me sembla enfin de nouveau harmonieux et parfait.

En fin de journée, je répondis à Pierre, à Jean-Marc et à Marjolaine. Propulsée par l'amour, au plus profond de moi-même, je remerciai Sylvain pour ce message si inattendu. Il était là pour me donner foi et me rapporter mes rêves.

Sylvain me conseillait d'écrire, de méditer et de m'amuser. Tout comme moi, Marjolaine n'avait certainement pas prévu à ce moment que nos échanges ainsi que ce message de Sylvain seraient un jour publiés.

Avant de rendre ce récit public, j'ai tenu à obtenir le consentement de Marjolaine sur les textes la concernant. À la lecture de ce chapitre, elle fut émerveillée par cette pure coïncidence et me répondit : « Mon nouveau livre est actuellement chez l'imprimeur, Sonia ! Il s'intitule *De l'enfance au Paradis*, et c'est la suite de *La légende de l'échelle d'or*. »

En approuvant mon texte, elle ajouta : « Comme l'ange et l'enfant de mon histoire, nos livres voleront dans le même ciel, accomplissant leur mission auprès de tous ceux et celles qui souhaiteront s'en remplir le cœur ! »

Rebondir

Malheureusement, malgré tous ces merveilleux messages et toute ma bonne volonté, mon état de grâce ne dura pas aussi longtemps que je l'aurais souhaité. Je passai le reste de l'automne dans un état tantôt bien, tantôt dépressif. De temps en temps, j'arrivais à surfer sur une petite vague, mais je me faisais vite ramasser par une plus grosse. Les mouvements de fond me déstabilisaient. J'étais encore prisonnière de trop de peurs.

Je ne comptais pas que sur l'effet magique des petites pilules du bonheur pour me sentir mieux. Je cherchais un état de bien-être qui allait durer.

Durant cette période, j'ai lu beaucoup de livres qui traitaient de l'importance de ressentir, dans le moment présent, les émotions que nous refoulons et de croire en notre capacité à surmonter les obstacles. De mes lectures, j'ai retenu qu'il fallait se centrer sur soi, reconnaître, ressentir et exprimer ses émotions, puis s'enraciner dans son noyau fondamental et son savoir inné.

L'application de cette recette était un peu plus complexe que la réalisation des étapes nécessaires à la confection d'un gâteau. Le fait de savoir que je devais vivre mes émotions ne me les faisait pas ressentir si aisément. S'enraciner dans son noyau fondamental demandait aussi un peu d'exercice. J'avais besoin d'être accompagnée et comme chaque fois que je souhaitais de l'aide, j'en reçus.

Je rencontrai Marie-Paul Ross, professionnelle aguerrie, à la fois docteure en sexologie, infirmière, religieuse et missionnaire, une femme de tête et surtout de cœur, très colorée. Cette grande dame me fit grâce de toutes les explications de son modèle. Il fallait traiter le « mal d'être », et ce, par des exercices simples comme la marche thérapeutique, impliquant les bons mouvements de bilatéralité alternés ainsi que la respiration thérapeutique ; expirer les effets et les pensées négatives et culpabilisantes à la suite d'un choc puis inspirer les intentions vivifiantes. Il s'agissait d'activer mon potentiel de vie et d'amour tout en expulsant ce qui m'étouffait. C'était à la fois simple et profond.

En consultation, Marie-Paul n'y alla pas de main morte avec moi. Elle me mit face à moi-même. J'avais ouvert tellement de tiroirs que je ne savais plus m'y retrouver. Je dus regarder dans chacun d'eux, non pas pour analyser le contenu, mais bien pour ressentir ce qu'ils évoquaient et traiter en conséquence. J'avais beaucoup de colère à évacuer. J'étais fidèle à la respiration thérapeutique, qui à la fois libère et revitalise. Je me surpris même, à l'aide de balles de mousse, à frapper sur son bureau. Je frappai fort, de plus en plus fort, puis de toutes mes forces, pour finalement les lancer sur le mur. Je me souviens aussi d'avoir dessiné ma colère. À l'aide d'un crayon noir, j'avais fait tellement de traits que ma feuille s'était déchirée. Lors de ces rencontres, j'ai rempli plusieurs poubelles de mouchoirs. Heureusement, chaque rencontre se terminait par des exercices de renforcement positif. Pour avancer solidement, je devais m'enraciner dans le meilleur de moi-même.

Entre les rencontres qui se succédaient, je passai des heures à marcher et à courir dans la nature. Je n'ai jamais tant apprécié la montagne que cet automne-là. Lorsque je ferme les yeux, je revois ce mélange de couleurs chaudes, je me souviens encore de l'odeur de feuilles mortes, mais aussi de cette force de vie qui s'intensifiait en moi.

Pendant environ trois semaines, j'ai fait un ménage intensif. Lorsque je touchai le fond, je ne pouvais que rebondir. J'appréciais déjà cette grande dame pour la qualité de son accompagnement, mais mon admiration à son égard grandit lorsqu'elle me raconta un peu son parcours et ses réalisations :

« J'ai accompagné plusieurs personnes dans la misère, dans plusieurs pays du tiers monde. De retour au Canada, j'ai vite constaté que dans nos sociétés prétendument “civilisées”, la détresse est tout aussi présente. Les gens sont malheureux et en plus, ici, ils se sentent seuls. »

En voyageant dans quelques pays beaucoup moins favorisés que le mien, j'avais moi-même observé à travers les conditions horribles beaucoup d'entraide entre les gens d'une même communauté. Malheureusement, ici, avec l'accessibilité aux multiples outils et réseaux de communication, souvent trop préoccupé par ce qui se passe ailleurs dans le monde, toujours en train de se comparer et en vouloir plus, il me semblait que l'on oubliait souvent de tendre la main à son voisin.

C'est le constat de cette détresse qui avait conduit Marie-Paul à ouvrir à Québec l'Institut de développement intégral (IDI), et ce, malgré toutes les complications financières. Cette dame affirma : « Les gouvernements et les grandes entreprises sont prêts à financer les projets d'aide humanitaire dans le tiers monde, mais ils préfèrent souvent fermer les yeux quant au mal psychologique qui les entoure. Pour faire vivre cet institut, il m'arrive encore parfois de travailler à l'étranger, car pour ces missions, les gens paient et cela me permet ensuite d'aider plus de gens ici. »

J'étais sidérée d'entendre un tel état de fait. Le courage de cette dame m'inspirait. J'avais moi aussi envie de venir en aide aux gens de chez nous. Malheureusement, je n'avais rien des qualités d'une bonne thérapeute et je ressentais encore une fragilité présente. Même si ce n'était qu'un petit rien à côté des besoins si criants, je souhaitais tout de même faire ma part. Considérant mes propres forces et connaissances, j'offris donc à Marie-Paul mon apport professionnel dans l'élaboration d'une planification stratégique pour son institut. Une équipe reçut mes suggestions. Me sentir utile me fit sûrement autant de bien que tout l'apport de mes conseils. Les journées de travail à l'IDI m'ayant stimulée, j'avais à nouveau envie de mettre à profit mes connaissances et mon potentiel.

La gestion du changement… Pourquoi pas ?

C'est un matin de décembre, en buvant un bon chocolat chaud et en feuilletant le journal, que je m'arrêtai avec curiosité sur une offre d'emploi ; on cherchait une conseillère en gestion du changement.

J'étais heureuse d'apprendre que des individus s'intéressaient aux changements dans les milieux de travail, mais je me demandais bien quels étaient les clients de ce service. Tout à coup, je me mis à rire, moi qui détestais le changement, décidément, les dernières années ne m'avaient pas épargnée.

Avec mon peu d'expérience en consultation, je n'avais certes pas le profil recherché pour ce poste de conseillère en gestion du changement, mais ma curiosité me poussa tout de même à adresser un courriel à ces gens. Je leur envoyai une brève lettre de présentation leur exprimant mon intérêt pour leur pratique qui me semblait plutôt innovatrice.

Juste avant Noël, alors que j'avais presque oublié cette démarche, on me convoqua pour une entrevue. Je n'avais même pas de CV à jour à leur présenter. Qu'allais-je dire ? Je sors tout juste d'une dépression et je n'ai pas travaillé depuis le décès de mon mari qui remonte à presque quatre ans ? J'espérais bien trouver une autre façon de présenter les choses.

C'est une jolie femme souriante, au début de la quarantaine, qui me reçut. Elle me présenta le modèle de l'organisation et surtout sa vision. C'était une petite et très jeune organisation gérée principalement par deux consultants qui s'étaient réunis afin de mettre en commun leurs connaissances et leurs forces pour élaborer une offre de service plus complète et mieux organisée en gestion du changement. Ils souhaitaient ne plus improviser, mais doter les entreprises et les gouvernements d'un bon coffre à outils. Ils voulaient devenir la référence en gestion du changement. Manon rayonnait en me parlant de tous les projets. C'était formidable, presque qu'incroyable ! Enfin un discours qui me parlait : « Ne pensez pas seulement à vos machines, il y a encore des gens qui travaillent dans vos entreprises. »

Lorsque vint le moment de parler de moi, je lui donnai rapidement les grandes lignes de mon parcours. Lorsque je lui mentionnai l'accident de mon conjoint, elle fut très empathique. Elle venait tout juste de perdre une amie d'enfance. Manon vivait à Montréal, mais son amie décédée d'un cancer des poumons était déménagée, quelques années plus tôt, justement à Lac-Beauport : « Josée avait un petit garçon. Je connais peu son conjoint. Je l'ai croisé seulement une fois, mais il est certain que vous avez vécu des choses en commun tous les deux. »

Je compris vite où Manon voulait en venir : « Ce serait bien que tu le rencontres. Ne serait-ce que pour lui donner des conseils pour le petit. Ce ne doit pas être évident de savoir quoi faire et quoi dire dans ces circonstances. »

Je savais pertinemment que ce papa n'aurait pas envie de me rencontrer ; les hommes en général n'aiment pas parler de ce qu'ils vivent et encore moins demander conseil. Mais, devant cette belle intention, et puisque je croyais fermement moi-même au partage d'expérience, j'acceptai qu'elle lui transmette mes coordonnées. Ce serait à lui de décider.

Rapidement, Manon et son associé me présentèrent une offre. C'était extraordinaire, un travail intéressant, dans un domaine innovateur, avec une jeune équipe dynamique et surtout de la flexibilité dans mon horaire.

Andrée m'avait parlé de ma grande capacité à ouvrir des portes et de mon pouvoir d'influence. Même si je n'avais ni formation ni expérience en ressources humaines, selon elle, j'allais œuvrer dans ce domaine. Une fois de plus, elle semblait ne pas s'être trompée. Pourtant, qui y aurait cru ? Après avoir réussi avec brio la conception d'un moteur de fusée expérimentale alors que j'étais encore aux études, j'avais passé à un fil d'accepter un travail de recherche sur des technologies de pointe en aéronautique. Nous ne savons jamais ce que la vie nous réserve...

Mon retour au travail a été facile. Avec la poursuite, j'avais appris à en mener large. J'avais précisé que je tenais à du temps partiel, mais rapidement, par motivation, je travaillai plus. La matière me passionnait, et ce, autant dans la recherche et le développement que dans l'application chez le client. J'apprenais aussi vite que j'enseignais. Rencontrer du nouveau monde me faisait grand bien. Je sortais progressivement de mon isolement, mon cercle d'amis s'élargissait et je reprenais de plus en plus goût à la vie.

Le pouvoir de la pensée

Durant ma période sombre, je m'étais procuré un CD de conditionnement positif. Je m'étais exercée à détecter les pensées négatives et surtout à faire de mes intentions des affirmations positives. S'agissait-il de vouloir quelque chose et de placer l'intention pour en voir se matérialiser la réalisation ? Après m'être exercée plusieurs fois pour mon mieux-être, je tentai l'expérience pour ma vie amoureuse. Sans réfléchir longuement, je plaçai quelques intentions : je vais rencontrer un homme de mon âge qui aime les enfants, mais qui n'en a pas. Il sera sportif et il aimera voyager. La relation sera simple.

À la mi-janvier, je reçus ce que j'avais souhaité sur un plateau d'argent. Toutefois, après seulement quelques semaines de fréquentation, je me suis lassée de cette relation. Cet homme avait tout ce que j'avais souhaité, mais la relation était si simple qu'en l'espace d'une soirée, j'y mis un terme, sans jamais y resonger.

Au diable la simplicité ! J'allais partager ma vie avec un homme qui avait du vécu et une profondeur. Je l'imaginais me jouer de la musique. Je rêvassais, mais rien ne pressait puisque je me sentais libre et bien. D'ailleurs, un proverbe dit que c'est souvent lorsque l'on ne cherche pas que l'on trouve. Si mon souhait voyageait dans l'Univers, disons que tous les astres l'ont fait converger dans la même direction.

Une rencontre orchestrée

Un soir du mois de mars, je reçus l'appel d'un de mes amis d'université : « Bonjour, Sonia !

– Bonjour, Jean-Pierre. Quel plaisir de t'entendre !

– Je suis de passage à Québec chez ma belle-sœur et en *placotant*, on a pensé à te présenter quelqu'un. C'est un gars qui habite autour du lac, quelqu'un de ton âge, un gars brillant et sportif, je crois qu'il a un petit garçon de deux ou trois ans. Apparemment qu'il est beau bonhomme... » Et il en mettait, sans même le connaître. Il poursuivit : « Ma belle-sœur organise une fête vendredi prochain et elle t'invite. Ce serait vraiment plaisant que tu viennes. »

Je ne connaissais pas sa belle-sœur et je ne croyais pas aux rencontres ainsi organisées, mais comme j'avais bien envie de passer une agréable soirée en compagnie de mon ami de longue date, j'acceptai.

Chapitre 6 — Que de forces elle nous prodigue !

Le lendemain, lors d'une promenade en raquettes, Jean-Pierre prit soin de me présenter sa belle-sœur France. En *placotant*, on réalisa une fois de plus à quel point le monde était petit... À la fin de notre balade en montagne, elle me dit : « Je t'attends vendredi prochain. Tu connais déjà plus de la moitié du monde qui y sera. Tu n'as aucune excuse pour ne pas te joindre à nous. »

En ce vendredi soir, il neige et comme d'habitude j'arrive un peu après les autres. France m'accueille chaleureusement. Après avoir renoué avec un couple que je croise chaque été sur la plage aux Îles-de-la-Madeleine et d'autres connaissances, d'un bref regard, je parcours le salon. Je n'y vois pas mon ami Jean-Pierre. Heureusement, sa belle-sœur arrive à ma rescousse pour me présenter les autres : « Viens, je te fais faire le tour. »

Et elle m'entraîne directement près du foyer, face à un beau jeune homme, celui que j'avais remarqué dès mon arrivée.

« Sonia, je te présente Luc... » À peine sa phrase terminée que quelqu'un d'autre la réclame.

« Bonsoir, dis-je timidement. Excuse-moi, je me sens un peu mal à l'aise. À vrai dire, je ne suis pas certaine d'être à ma place ici. C'est le beau-frère de France, un bon ami à moi, qui m'a d'abord invitée et je crois qu'il vient de me faire faux bond. Tu connais bien France et tout le monde ici ?

– Oui. Dès notre arrivée à Lac-Beauport, France et Josée, ma conjointe, se sont liées d'amitié. Avant de prendre la décision de nous installer dans le coin, France nous a organisé une petite tournée touristique. Des amitiés supplémentaires se sont tissées avec le temps. Elles étaient plusieurs filles à fêter leurs quarante ans cette année, mais malheureusement, Josée est décédée d'un cancer avant son quarantième anniversaire. »

Je sentis mes jambes faiblir. C'était donc lui...

À gauche et à droite, j'avais entendu parler de Luc. Une amie m'avait parlé d'un papa veuf qu'elle croisait souvent à la garderie où allaient ses enfants, une autre connaissance m'avait dit avoir reçu chez elle le conjoint d'une de ses amies décédée, puis Manon m'avait parlé du conjoint de sa copine décédée qui habitait à Lac-Beauport... En me parlant d'un bon *prospect*, mon ami Jean-Pierre avait pour sa part omis de me dire son statut.

Je ne lui fis mention de rien et je poursuivis simplement en lui disant que j'étais vraiment désolée pour sa femme.

Même si nous habitions tout près et que nous connaissions beaucoup de gens en commun, Luc et moi ne nous étions jamais croisés auparavant.

Ce n'est que lorsque je lui racontai un peu plus tard, dans la conversation, que mon conjoint était aussi décédé à 39 ans, lors d'un accident d'avion, qu'il fit à son tour le lien : « C'est donc ton numéro de téléphone que j'ai reçu de ma belle-mère ? Excuse-moi, je l'ai jeté », m'avoua-t-il.

Je n'étais pas insultée. Il avait fait exactement ce à quoi je m'attendais.

Quelques semaines après cette soirée, à mon retour du Mexique, à ma grande surprise, je reçus par courriel des nouvelles de Luc. Il revenait lui aussi d'une semaine de vacances au soleil.

Après quelques courriels échangés, il m'invita à souper chez lui. Comme on m'avait prévenue, Luc était un hôte et un cuisinier hors pair. Lorsque j'arrivai, tout était en place. Le feu crépitait, les chandelles accentuaient l'ambiance de détente et la musique me plaisait. Ça sentait bon en direction de la cuisine.

Je rencontrai son fils Philippe. Comment ne pas tomber sous le charme de ce petit blond aux yeux bleus ? Tout en jouant avec lui, Luc et moi continuions de faire plus ample connaissance. Nous avions tout à apprendre l'un de l'autre.

Au moment d'aller coucher Philippe, je me proposai de monter lui lire un livre. Dans sa chambre, il me montra la photo de sa maman Josée, déposée sur sa table de nuit. Je lui dis : « Elle est vraiment jolie, ta maman.

– Elle est morte.

– Je le sais, mais je suis certaine qu'elle pense très fort à toi et que même si tu ne la vois pas, elle t'aime. Tu sais, Philippe, moi aussi j'ai deux petites filles. Leur papa est mort. Parfois, il leur arrive de s'ennuyer de lui.

– Leur papa, il était malade comme ma maman ?

– Non, il a eu un accident. »

Après m'avoir regardée un moment, l'air perplexe, il me tendit son livre ; la discussion était terminée. Sa réaction me fit penser à Ève.

Le cœur serré, je lui fis la lecture, mais mes pensées étaient ailleurs. La vie me semblait en apparence, encore une fois, injuste. Au lieu de chercher à comprendre, je priai pour cet enfant et cette belle femme qui aurait dû être là, à ma place, à côté des siens en ce samedi soir.

En redescendant, remplie de compassion, j'espérais simplement apporter à Luc un peu de réconfort et de lumière.

Après le souper, au salon, près du feu, il me joua de la guitare. Il avait composé une pièce pour Josée. En écoutant les paroles de sa composition, les larmes me montèrent aux yeux.

J'étais en train de découvrir un être sensible et profond.

Cette première soirée en tête-à-tête ne fut pas comme celle de la plupart des nouveaux tourtereaux, comme celle dont on se souvient longtemps, lors du premier baiser. Je me souviens plutôt de nos échanges, de l'ouverture, d'un vrai partage d'âme à âme.

Le lendemain, un peu fatiguée par la courte nuit, mais heureuse et décidée plus que jamais de profiter pleinement de la journée, je me rendis dans le Vieux-Québec pour une promenade avec les filles. En passant au marché près de la marina, je regardai à nouveau l'usine où j'avais longtemps travaillé, puis les voiliers qui se dirigeaient vers le fleuve. Au moment même où je me fis la réflexion que la vie suivait son cours et qu'il en était très bien ainsi, je reçus un appel sur mon cellulaire : « Je suis dans le stationnement du marché avec Phil. On a décidé de venir vous rejoindre pour la promenade, si ça vous va toujours. » C'était Luc.

Après avoir présenté les enfants, alors que nous commencions tout juste à marcher tous les cinq sous un doux soleil de printemps, deux passants nous félicitèrent pour notre belle petite famille. À ce commentaire, Luc et moi avions échangé un regard et affiché un sourire bref, presque dissimulé, mais sincère. Je crois qu'à ce moment précis, même à l'aube de cette nouvelle relation, nous avions tous les deux souhaité que ce soit vrai, que ce soit possible.

Une fleur...

Une journée, alors que j'avais laissé des fleurs dans un pot sur le portique de sa maison, Luc m'avait écrit : « Cette fleur qui pousse en mon jardin sans prévenir... Quel sentiment étrange de la voir apparaître si tôt au printemps après cet hiver si long et si froid. [...] »

Émue, je me rappelai la fleur dans l'histoire du Petit Prince et à mon tour je lui partageai mon ressenti : « J'arrive un peu tôt. Le sol est encore gelé. Ma seule intention est de laisser l'espoir d'un printemps. [...]

» Mes racines sont fragiles. Il y a quelques années, le sol qui me nourrissait et me protégeait, celui qui s'assurait de toujours m'orienter vers le soleil, m'a joué un tour. J'ai cru qu'il était disparu. Maintenant, je sais qu'un lot s'est seulement métamorphosé. Je reçois toujours cette énergie, cette bienveillance. Elles viennent à moi différemment. C'est plus facile pour les fleurs de voir ces manifestations, car les humains se servent trop de leurs yeux. [...]

» Je suis loin de connaître tout ce que cette nouvelle terre contient, je ne connais pas non plus la profondeur de mes racines. Je sais seulement que cette présence me donne envie de retrouver mon parfum et de le répandre autour de moi. Sonia xxx »

Dans cette relation en devenir, en plus de tous les échanges riches et profonds, l'attraction physique mutuelle fit vite son œuvre. En plus d'être la confidente, je me sentais par moment la nouvelle amoureuse. Amoureuse ou maîtresse ? Luc était dans le cuisant de son deuil et il vivait avec confusion les émotions qui ressurgissaient, et sûrement aussi avec cette peur de trahir la personne défunte.

Je sentais son envie de regarder en avant, mais aussi cette présence de fils solidement tissés qui nous retient et qu'il faut pourtant prendre le temps de défaire. Même habilement dissimulés, tous ses sentiments contradictoires, toutes ses émotions mouvantes, je les reconnaissais bien.

Le processus du deuil demandait du temps ; ça m'avait pris beaucoup de temps. Mais là, j'avais un sentiment d'urgence ; celui de vivre pleinement chaque instant.

Je ne pouvais imposer à Luc mon rythme, je ne pouvais que respecter le sien. Il était le seul à détenir les clés de sa guérison et de son bonheur. Linda m'avait bien dit que dans cette vie, je devais développer mon autonomie et exercer le détachement ; le terrain était fertile à cet apprentissage.

Je devais rester libre de toute attente envers lui et continuer ma route avec compassion. Je devais aussi cesser d'attendre à demain, d'attendre après les autres, d'attendre pour m'amuser, d'attendre pour vivre pleinement. Je devais prendre l'entière responsabilité de mon bonheur.

Enfin, j'étais à nouveau bien avec moi-même. J'ai cessé les antidépresseurs sans sentir les effets du sevrage. Avaient-ils contribué à mon mieux-être ? Je n'en sais rien. Chose certaine, je m'étais donné la permission et le temps de vivre mon deuil tout en conservant la passion, « cette flamme qui ne s'éteint jamais et qui survit aux drames les plus longs, les plus laids[8] ».

8. Extrait de la chanson *Donnez-lui la passion* de Lynda Lemay.

J'étais demeurée ouverte à l'amour. Alors que j'avais souhaité partager ma vie avec quelqu'un qui avait de la profondeur et du vécu, j'avais rencontré Luc, profondément dévasté par le deuil. Avec un peu d'ironie, je me suis souvent dit que j'aurais pu préciser davantage ma demande, mais j'aimais Luc et je savais qu'à travers cette relation en devenir, j'allais beaucoup apprendre.

En septembre, Ève commença l'école et elle sembla s'y plaire. Pour sa part, Émy adorait la garderie internationale qu'elle fréquentait. Entourées d'amis, elles étaient heureuses. De mon côté, je travaillais toujours avec passion en gestion du changement, et ce, tout en étant moi-même en plein épanouissement.

Le temps passait, les choses changeaient, mais les bons sentiments aspiraient toujours à l'éternité.

Chapitre 7

Tout est possible !

Janvier 2008, cinq ans déjà…

✐ *Sylvain, je sais que tes bras n'y seront pas, que ta voix ne me guidera pas, que je ne pourrai pas sentir ton odeur, que je ne te verrai pas. Pourtant, j'ai la certitude que tu y seras.*

Encore essoufflée, mais heureuse d'être enfin assise dans l'avion qui m'amènera à Charlotte en Caroline du Nord, je me remémore ma course folle et je rigole. J'ai bien failli manquer ma correspondance.

✐ *Même si la porte d'un train se ferme devant toi, même si le temps est mauvais, même si les vents soufflent en sens contraire, n'abandonne jamais, ris de tes erreurs, accueille ce que tu perçois comme des embûches. Attends le bon moment, sois patient, une autre porte s'ouvrira. Fonce, cours, dépasse tes limites, tu peux atteindre ton but.*

À 8 h 47, ce 8 janvier 2008, j'écoute les 21 sons de cloche. Je suis au rendez-vous. Je sens encore une chaleur dans mon dos, mais cette fois je ne doute plus.

Près du monument commémoratif, je dépose des roses. J'en garde une pour moi. Sous le soleil qui me réchauffe, je m'agenouille dans l'herbe et en silence, je prie. En admirant ma fleur, je me souviens d'une des dernières chansons de la comédie musicale *Le Petit Prince*[9] : « Et même si je sors du décor, et même si j'ai l'air d'être mort, tu sais, ce ne sera pas vrai puisqu'on a tous l'éternité. »

Lorsqu'un officier me tape sur l'épaule, je réalise que tous se sont déplacés. Il m'invite à me diriger moi aussi vers la grande tente où se tient la cérémonie. À l'intérieur, des représentants de diverses religions présentent des allocutions dans plusieurs langues. J'ai du mal à suivre et je trouve les sermons un peu longs.

Enfin, pour rendre hommage aux victimes, on donne la parole aux gens présents. Au lieu de me diriger vers l'avant pour prendre le micro et parler de l'être cher comme le font la plupart des membres

9. La chanson *On aura toujours rendez-vous.*

des familles des victimes, je demeure assise et j'écoute avec compassion. Les témoignages sont chargés d'émotions, certains vivent encore avec la colère, d'autres avec la peine. Les parents de la pilote, malgré toutes les preuves de son innocence, semblent même encore habités par un sentiment de culpabilité. À travers l'épreuve, chacun a cheminé différemment, car chaque histoire est singulière. Pourtant, il y a un fil conducteur ; malgré les pertes tragiques, ces témoignages sont tous empreints de reconnaissance et d'amour.

Après la cérémonie, un homme dans la soixantaine m'invite à prendre un café. Il m'informe qu'il est bénévole pour la Croix-Rouge. Il a été l'un des premiers intervenants à se rendre sur les lieux de l'accident. Il me dit : « Je me souviens de ton arrivée à l'hôtel. Tout le monde présent s'en souvient. Chaque jour, depuis, j'ai prié pour toi et tes enfants. »

Je le regarde et je demeure sans mot. Puis, une larme coule sur ma joue. Au lieu de tenter de l'essuyer, je la laisse couler. Je ne suis pas triste, je suis simplement émue devant tant de compassion.

Après nous être assis, en me tenant la main, il poursuit : « Je me souviens de tout, j'ai tout vu. Si tu veux, je suis disposé à tout te raconter. »

Je lui souris, le rassure et le remercie.

Cinq ans plus tard, je n'ai plus besoin de faits. Je sens et je sais. D'un amas de cendres, des âmes peuvent renaître et reconnaître un sens nouveau à la vie dans une quête d'élargissement de la conscience et dans la recherche du juste, du vrai et du beau.

En route vers la maison, je n'ai même pas conscience du décollage. Sans plan, spontanément, les idées se bousculent et les mots se déposent dans mon nouveau journal. Je n'écris plus que pour me délivrer. J'ai une belle histoire à raconter.

Comblée d'amour et reconnaissante pour le chemin parcouru, pour toutes les expériences et les grands enseignements, je me sens inspirée. Une force très intuitive m'habite.

Lorsque j'entends les consignes d'atterrissage, je suis presque déçue, j'ai encore tant de choses à écrire, à partager.

En entrant à la maison, alors que le silence règne, j'aperçois sur la table un énorme bouquet de fleurs. Je souris et en m'approchant je découvre les beaux dessins que m'ont faits les enfants. Même Philippe, qui n'aime pas dessiner, a fait l'effort de mettre de la couleur sur une feuille. Leurs « je t'aime, maman » me font chaud au cœur.

Avant d'aller au lit, sur la pointe des pieds, je vais embrasser mes trésors qui dorment paisiblement. Je n'ai plus besoin de demander à Sylvain de veiller sur eux, car je sais qu'il est parmi nous.

En haut, Luc dort aussi profondément. Sans bruit, je me faufile à ses côtés, je le sers dans mes bras, puis je m'endors à mon tour en me disant : « Que la vie est belle ! »

Raconte-moi un passage

Au fil des saisons, j'ai écrit dans un journal pour me libérer. Cinq ans après la tragédie, malgré le manque de confiance en mon style littéraire et toute la montagne de difficultés que l'écriture représentait

Nathalie Christiaens

pour moi, je me suis laissé porter par une belle aventure, celle de vous partager ce passage de ma vie.

Ce récit, je l'ai écrit sans échéancier, au gré de mes émotions et de mon senti. Puisque nous sommes toujours des êtres en évolution et en éveil, j'avais encore parfois des interrogations et surtout beaucoup d'apprentissages à assimiler. J'ai dû aussi prendre des pauses pour m'ancrer davantage dans le présent, et continuer à vivre d'autres chapitres de mon histoire.

Quelques années plus tard, alors que j'approchais de la fin, que j'avais un peu le syndrome de l'imposteur et que je me demandais comment conclure, je reçus à nouveau de beaux clins d'œil.

C'est lors d'une belle journée, la dernière d'une semaine de vacances au soleil, alors que je me relisais et me corrigeais, qu'en sortant de la piscine, Ève me demanda : « Maman, qu'est-ce que tu écris ?

– Notre histoire, ma belle.

– C'est ce que tu fais souvent sur ton ordinateur, tu écris un livre ? »

J'acquiesçai, puis elle retourna jouer dans l'eau avec sa sœur. Lorsqu'elle en ressortit, elle vint lire un peu par-dessus mon épaule : « Parles-tu de moi dans ton livre ?

– Parfois.

– Tu n'as pas le droit. Je ne veux pas que tu parles de moi dans ton livre. Je ne veux pas que les autres sachent tout ce que j'ai vécu. »

C'était direct, clair et précis. Une belle douche froide. Avec l'idée de publier, j'avais songé à la nécessité d'obtenir l'accord de plusieurs, particulièrement de tous ces thérapeutes qui m'ont livré de grands enseignements, mais dans tout mon enthousiasme, je n'avais à ce point pas encore songé à l'impact sur mes enfants. Ève me prenait de court, mais sa mise en garde était tout à fait à propos. Je lui dis : « Si tu ne veux pas que je le publie, ce manuscrit sera pour toi et Émy.

– Mais pourquoi est-ce que tu écris ? »

Les enfants ont souvent de bonnes questions et peu de patience pour attendre les réponses. Spontanément, je lui répondis donc : « Sûrement un peu pour donner espoir à d'autres qui peuvent vivre la même chose que nous et pour montrer que tout est possible.

– Et montrer que la vie continue ? ajouta-t-elle sagement.

– Bien sûr. »

Je demeurai pensive. Le simple récit de ma propre histoire pouvait-il vraiment apporter de la lumière ? Je n'eus pas le temps de réfléchir longuement, car une question n'attendait pas l'autre : « Maman, est-ce que tu as choisi le titre de ton livre ?

– Non, pas encore.

– Tu pourrais l'intituler *La vie continue.*

– Quelle bonne idée ! »

C'était pourtant si évident. Ça ne pouvait être plus approprié.

Ève était une petite fille de principe avec des idées bien arrêtées. Heureusement, elle possédait aussi une grande maturité et une belle sagesse. Après un court instant de réflexion et un long soupir, elle me dit : « Tu peux continuer à écrire ton livre, maman, mais je veux que tu changes mon nom et je veux le lire avant que tu le publies. »

Émy avait tout entendu. Mon éternel rayon de soleil était enchanté par l'idée : « Wow, un livre ! Est-ce que tu vas en vendre beaucoup de livres, maman ? »

Du haut de ses sept ans, on pouvait déjà bien imaginer la future femme d'affaires. Elle était d'accord pour le titre, soit *La vie continue.* « C'est une bonne idée, car notre vie continue et celle de papa aussi. »

Les graines semées lors des précieux enseignements avaient germé. Sous mes yeux, je voyais les fleurs éclore.

Toutes deux me supplièrent de leur faire la lecture. Je leur lus le passage sur la rencontre de leur père et moi, puis les passages sur leur naissance. Bien allongées à mes côtés, les regards doux, elles avaient les yeux humides. C'est après un long et paisible silence qu'Émy brisa la glace: « Maman, moi, je veux vraiment que tu publies notre histoire. Moi, je l'aime Ève, et je veux qu'elle garde son nom dans ton livre, sinon ce ne sera pas pareil. »

À mon grand étonnement, Ève acquiesça à la demande de sa sœur. Sa rigidité s'était envolée.

Cette même journée, vers la fin de l'après-midi sur la plage, elles rencontrèrent deux autres petites sœurs d'âge similaire, avec qui elles s'amusèrent.

Le soir, à la fin du repas, les nouvelles amies et leurs parents passèrent nous saluer. D'entrée de jeu, la maman me dit: « Hélèna m'a informée que le père de vos enfants est aussi décédé. »

L'homme qui l'accompagnait n'était donc pas le père biologique des filles. À le regarder agir, il était impossible de le deviner. Puis, tout compte fait, il en était probablement ainsi pour quiconque observait Luc en présence de mes filles ou moi en présence de Philippe.

La maman continua : « J'ai moi aussi perdu mon conjoint. Il a fait une crise cardiaque en planche à voile le jour où Hélèna fêtait ses trois ans. J'étais enceinte de Léa, de sept mois. »

Bien qu'elles aient leurs particularités, nos histoires se ressemblaient. Même s'il se faisait tard et que le temps pressait, sans barrière, une conversation profonde s'installa.

« Ce fut un choc terrible. [...] Après la naissance de Léa, je suis partie seule avec mes deux filles en Westfalia dans l'Ouest canadien. J'avais besoin de changement. »

Et elle me raconta des parcelles de son périple.

Je comprenais ce besoin de fuir le quotidien et de vivre intensément. Je percevais aussi, à travers son discours, toutes les forces insoupçonnées qui nous soutiennent et nous portent dans l'épreuve.

Je lui racontai à mon tour des parcelles de mon histoire, puis la réalisation de certains rêves que je croyais pourtant évanouis avec le décès de Sylvain:

« Malgré le “crash”, je n’ai presque plus peur de l’avion et à ma grande satisfaction, les filles adorent être dans les airs. Aujourd’hui, je continue de découvrir le monde avec mes enfants, à ma façon. J’aime ouvrir leurs horizons et leur faire connaître le plaisir d’échanger et de partager. »

Comme elle semblait elle aussi passionnée de voyage, je lui racontai notre aventure à Bali, en Indénosie : « Nous sommes allées dans ce pays appelé l’île des Dieux avec l’intention de découvrir, mais aussi de rendre grâce. Je voulais que mes filles, conscientes des richesses dont elles disposent, fassent l’expérience du partage. Afin de conscientiser aussi leurs pairs par rapport au monde qui les entoure, Ève et Émy ont présenté notre projet et permis à ceux qui le désiraient de faire un geste de générosité. Avec une valise remplie de présents pour les habitants de Bali, nous avons survolé plusieurs continents. Le trajet a duré plus de 38 heures. C’est sous un chaud soleil que les filles ont remis ces présents, et ce, en serrant la main de centaines d’enfants. Je ne saurais décrire tous ces sourires qui sont gravés à jamais dans nos mémoires.

» Avec l’aide de nos amis, nous avons parrainé dix enfants. Nous avons aussi acheté dans un marché local 25 sacs de 25 kilos de riz ainsi que des robes, des cahiers, des crayons que nous sommes allées remettre aux enfants d’un orphelinat. Nous nous sommes aussi rendues au nord du pays, dans des endroits où les enfants doivent marcher trois heures à travers la montagne pour quelques heures d’école chaque semaine. Nous leur avons remis un ordinateur portable afin qu’ils puissent communiquer davantage avec le monde et ainsi pouvoir continuer le développement entrepris. Puisque nous allions là-bas pour partager, il n’était pas question de luxe. Les filles ont très bien compris le but du voyage et elles se sont facilement adaptées à des standards très différents d’ici.

– Wow, quelle expérience formidable. Étais-tu déjà allée en Asie avant ?

– J’étais tombée amoureuse de ce continent alors que Sylvain y travaillait. Nous nous étions promis d’y revenir avec nos enfants.

Nous souhaitions leur faire découvrir le monde entier. Malgré son absence, aujourd'hui, je poursuis ce rêve. Récemment, je suis même retournée avec mes filles, en Thaïlande, pendant un mois, sac sur le dos, sans itinéraire, dans le seul but d'une aventure à dos d'éléphant, d'une journée sur les plus belles plages du monde ou d'un souper de filles au milieu de ces rues si vivantes et achalandées de Bangkok. »

En plus de parler de voyage, nous avons beaucoup parlé de nos trésors. Tout comme moi, à quelques reprises, cette maman avait été secouée par des manifestations soudaines du deuil chez ses filles. Heureusement, lorsque l'intensité de la peine ou de la colère reliée au deuil était palpable, bien que ce soit toujours difficile pour nos cœurs de mères, nous savions que leurs expressions étaient saines. Plus le deuil était vécu et exprimé, moins il ferait de ravage chez nos enfants. Mes filles possédaient de grandes richesses et malgré certains obstacles, elles s'épanouissaient à merveille et elles ne cessaient de me surprendre.

Vers la fin de notre entretien, lorsqu'elle me parla de ses occupations et qu'elle me demanda à mon tour ce que je faisais, pour une fois, je n'eus aucun mal à répondre.

Après son décès, à travers le canal de Marjolaine, par le biais de l'écriture automatique, Sylvain m'avait dit : « Je te veux heureuse, mon amour, tu en es capable, tu vas y arriver ! Prends le temps d'être bien à l'intérieur de toi, d'écrire, de méditer et de t'amuser ! »

Enfin, j'y étais. Le regard des autres ne m'intimidait plus, je ne cherchais plus à performer. J'aspirais simplement à être bien, à être heureuse. Je répondis donc à cette femme : « En plus de voyager et d'écrire, je me suis mise à peindre, mais ce que je préfère par-dessus tout, c'est prendre le temps de regarder grandir mes enfants et savourer intensément chaque instant. Je convoite divers projets, mais à vrai dire, ceux qui me parlent le plus sont de nature humaine. J'aime découvrir les gens, j'aime m'exprimer, j'aime partager et j'aime surtout me laisser surprendre par la vie.

» Bien sûr, en plus des joies, la vie continue aussi de placer parfois sur ma route ce que certains appellent des épreuves. Puisque je sais maintenant que tout n'est que passage, je cherche plutôt à percevoir celles-ci comme des possibilités de dépassement. »

Après avoir été interrompue par quatre charmantes petites filles qui riaient sans même pouvoir nous demander ce qu'elles voulaient tellement elles s'amusaient, mon interlocutrice me fixa droit dans les yeux et me fit cadeau de cette confidence : « Quand mon mari est décédé, j'aurais tellement eu besoin de rencontrer quelqu'un comme toi. À travers les médias, on entend beaucoup parler de drames, de catastrophes, mais rarement de la suite… Maintenant, je sais, mais sur le coup… »

Ce besoin d'espoir si criant, je l'avais moi aussi ressenti. Il était à l'aube de mon récit.

Je désirais simplement raconter mon histoire, parler du soleil qui continue de briller à travers les nuages, de l'épreuve qui devient un tremplin, de la transformation qui s'ensuit, de la conscience qui s'élargit, de la vie qui continue…

« Ma vie, c'est un mélange de peine et de joie… »

« Tous les gens du monde entier vont un jour perdre quelqu'un qu'ils aiment. C'est pourquoi il faut se tenir la main, retrouver le sourire et ne rien craindre, car la vie continue toujours… » – Émy Dubois, huit ans

L'envol de l'artiste

Acrylique, 48 x 36

L'auteure raconte sa première toile…

J'ai toujours pensé qu'il devait être libérateur de mettre des couleurs sur une toile, mais je n'osais pas essayer, moi qui arrive à peine à dessiner un bonhomme allumette. C'est pour faire plaisir à ma grande que je me suis tout de même inscrite avec elle à un atelier de toile blanche.

Je me suis littéralement fait prendre…

C'est en bleu que je peins le fond de ma toile. Au milieu, je dépose une tache blanche, puis je donne deux ou trois coups de spatule. Rien de plus.

Tout en bas, les couleurs primaires se mélangent aisément. J'en oublie même Ève qui, à mes côtés, s'amuse à utiliser mes couleurs déjà toutes mélangées.

Puis, tout à coup, plus rien. Je me recule et je regarde ma toile.

Alors que tout le monde s'accorde pour dire que ça ressemble drôlement à un oiseau, je n'y vois qu'un avion qui décroche de sa trajectoire. Dans le bas, ce sont des débris, les morceaux, les corps explosés, puis sur le côté droit, les âmes qui s'envolent. C'est l'image qui me hante depuis trop longtemps.

J'ai besoin d'une pause. Je vais à l'extérieur et je ramasse tout ce qui me tombe sous la main et qui me plaît : des feuilles mortes, des épines de conifères, des écorces d'arbres, etc.

Ces éléments de la nature me donnent un second souffle. Voilà, c'est reparti… Les deux mains dans la peinture, je texture ma toile. Je crée un fond marin.

Il y a longtemps, j'avais écrit :

« En pensée, je me déplace vers la mer pour me souvenir, pour m'aider à écrire, pour me ressourcer et surtout pour guérir. »

Le « crash » s'est transformé en « splash », car j'ai plongé.

Plonger comme une hirondelle qui a perdu une aile dans la mer pour éteindre cette brûlure profonde, dans la mère qui s'accroche à ce qu'il y a de plus précieux.

Maintenant, la mère que je suis peut se reposer, car la vie, dans ce qu'elle a de plus magique et d'imprévisible, m'a dessiné des ailes.

Sylvain, mission accomplie !

Nos enfants entendent ta chanson et elles s'en émerveillent.

Et voilà que je vole à nouveau ! Je vole plus haut !

« Allez vole, vole, toi, mon bel oiseau. Suis ta course folle. Va toucher le beau. Allez vole, vole, toi, mon bel oiseau. Vole plus loin et toujours plus haut. Un jour, j'arriverai au bout de mon voyage. Un jour, je me poserai et toucherai un rivage. Alors, je serai libre, aussi libre que le vent. Et la vie sera belle, aussi belle qu'un enfant[10]. »

Ève et Émy ont vite appris que l'art est une forme d'expression simple et amusante. Comme de bons motivateurs, elles me disent souvent : « Vas-y, maman, mets de la couleur, c'est merveilleux. »

10. Extrait de la chanson *Comme un oiseau* de Nicolas Ciccone.

De belles plumes… aux bons moments

Suggestions de lectures

- *Aimer, perdre et grandir*, Jean Monbourquette, Novalis, 2004.
- *Alchimiste (L')*, de Paulo Coelho, Flammarion, 2010.
- *Âmes sœurs (Les)*, Sylvie Petitpas, Samsarah International inc., 1996.
- *Barrages inutiles (Les)*, Daniel Dufour, Éd. de l'Homme, 2005.
- *De la survie à la vie, quelques petits pas*, Sylvie Petitpas, Sylvie Petitpas, 2009.
- *De l'enfance au Paradis,* Marjolaine Caron, Marjolaine Caron, 2011.
- *Entre chenille et papillon*, André Samson, Nouvel art de vivre, 2001.
- *Je vous donne... Signe de vie*, Marjolaine Caron, Marjolaine Caron, 2002.
- *Leçons de vie*, Elisabeth Kübler-Ross, David Kessler, JCLattès, 2002.
- *Magie de la vie (La)*, Sylvie Petitpas, Sylvie Petitpas, 2006.
- *Mange, prie, aime*, Elizabeth Gilbert, Calmann-Lévy, 2008.
- *Mémorandum de Dieu (Le)*, Og Mandino, Un monde différent, 1992.
- *Mort est un nouveau soleil (La)*, Elisabeth Kübler-Ross, Rocher, 2000.
- *Mort, mais pas dans son cœur*, Josée Masson, Logiques, 2010.
- *On ne meurt pas*, France Gauthier, Libre Expression, 2004.
- *Oui, je peux*, Louise L. Hay, AdA, 2004.

- *Passages obligés*, Josélito Michaud, Libre Expression, 2006.
- *Petit livre de Joshua (Le)*, Marjolaine Caron, du Roseau, 2004.
- *Petit Prince (Le)*, Antoine de Saint-Exupéry, Gallimard, 1999.
- *Plus grand miracle du monde (Le)*, Og Mandino, Un monde différent, 1979.
- *Prophétie des Andes (La)*, James Redfield, J'ai lu, 1996.
- *Rebondir*, Daniel Dufour, Éd. de l'Homme, 2010.
- *Rose retrouvée (La)*, Serda Ozhan, Les intouchables, 2006.
- *Safari de la vie (Le)*, John P. Strelecky, Le Dauphin Blanc, 2010.
- *Shack (Le)*, W. Paul Yong, Le Jour, 2009.
- *Traverser l'épreuve*, Marie-Paul Ross, Fides, 2010.
- *Tremblements intérieurs (Les)*, Daniel Dufour, Éd. de l'Homme, 2003.
- *Vie est belle (La)*, Christine Michaud, Un monde différent, 2011.
- *Why Café (Le)*, John P. Strelecky, Le Dauphin Blanc, 2009.

Pour rejoindre l'auteure:

soniareid.art@gmail.com
www.soniareid-art.com

RECYCLÉ
Papier fait à partir de matériaux recyclés
FSC® C103567
FSC www.fsc.org

MARQUIS
Marquis imprimeur inc.

Québec, Canada
2012

Imprimé sur du papier Silva Enviro 100% postconsommation traité sans chlore, accrédité ÉcoLogo et fait à partir de biogaz.

CHOIX ENVIRONNEMENTAL • ENVIRONMENTAL CHOICE
PROCESSED CHLORINE FREE • PROCÉDÉ SANS CHLORE
100%
PERMANENT
BIO GAZ ÉNERGIE